从连接
到激活

数字化与中国产业新循环

秦朔 主编　戚德志 著

中信出版集团｜北京

图书在版编目（CIP）数据

从连接到激活：数字化与中国产业新循环 / 秦朔主编；戚德志著 . -- 北京：中信出版社，2022.1（2022.3重印）
ISBN 978-7-5217-3690-8

Ⅰ.①从… Ⅱ.①秦… ②戚… Ⅲ.①产业经济－数字化－研究－中国 Ⅳ.① F269.2

中国版本图书馆 CIP 数据核字 (2021) 第 217845 号

从连接到激活——数字化与中国产业新循环
主　编：　秦朔
著　者：　戚德志
出版发行：中信出版集团股份有限公司
　　　　　（北京市朝阳区惠新东街甲4号富盛大厦2座　邮编　100029）
承印者：　北京盛通印刷股份有限公司

开本：787mm×1092mm　1/16　　印张：21　　字数：300千字
版次：2022年1月第1版　　　　印次：2022年3月第3次印刷
书号：ISBN 978-7-5217-3690-8
定价：78.00元

版权所有·侵权必究
如有印刷、装订问题，本公司负责调换。
服务热线：400-600-8099
投稿邮箱：author@citicpub.com

目　录

序　用数字化技术应对不确定性丨周其仁　……V

引　言　每一次激活，都是一次新的可能　……1

第一章　**智慧零售**
一场走了20年才抵达战场的远征　……17
步步高："霸王卸甲"与"一根葱"的数字化旅程　……23
天虹股份：数字化转型最大的敌人是自己　……36

第二章　**国潮崛起**
激活品牌成长的"力场"　……47
完美日记：互联网基因重塑化妆品产业　……55
奈雪的茶：霸气玉油柑里的爆款方法论　……69

第三章　**"数智化"**
给制造业插上"跃迁之翼"　……81
树根互联："数智化"让制造企业自由翱翔　……89
华星光电：两年训练出的"质检大神"　……102

第四章 农业与金融
数字化激活千年古老行当，普惠民生 ⋯⋯ 111

壹号食品：数字化激活千年养猪业 ⋯⋯ 117

微众银行：金融科技的"聚沙成塔"之路 ⋯⋯ 126

第五章 智慧出行
汇聚两场变革，激活产业之魂 ⋯⋯ 135

蔚来：做好"用户企业"的第一性原理 ⋯⋯ 144

仙豆智能：三"智"融合，告别被动服务 ⋯⋯ 158

PP停车：从连接停车场、闸机到激活用户 ⋯⋯ 165

乘车码：让2亿用户一"码"当先 ⋯⋯ 174

第六章 重塑生活服务业
连接物，激活人 ⋯⋯ 183

顺丰："丰声"里的数字化生存 ⋯⋯ 191

贝壳：用数字技术激活经纪人网络 ⋯⋯ 203

第七章 智慧教育
激活"星辰大海"的向往 ⋯⋯ 213

天津和平区教育局：用数据照亮每一处阴影 ⋯⋯ 218

深圳大学：以数字化激活高校之变 ⋯⋯ 226

第八章 | 医疗
"看病难"的破题曙光 ⋯⋯ 237

医师胡洋：让互联网成为医生的价值放大器 ⋯⋯ 243
广西医科大一附院："持证上岗"的一体化医疗服务
　新模式 ⋯⋯ 249
华中科技大学协和深圳医院：医疗数据互联互通的
　"南山实践" ⋯⋯ 256

第九章 | "数字政府"
活跃在指尖上的公共服务 ⋯⋯ 267

粤省事：数字政务，如何才能让人用起来？⋯⋯ 274
深圳市税务局：三年，区块链电子发票累计开具6000
　万张！⋯⋯ 284
健康码：公共治理数字化的"轻样本" ⋯⋯ 294

附　录 | 秦朔对话汤道生
产业互联网九问 ⋯⋯ 301

参考资料 ⋯⋯ 321

序
用数字化技术应对不确定性
周其仁

20世纪90年代初，我曾在芝加哥大学经济系访学，时间不长，却对我有长长的影响。芝加哥大学经济系是经济学重地之一，出了很多鼎鼎大名的经济学家，得过诺贝尔经济学奖的就有十几位，如米尔顿·弗里德曼、罗纳德·科斯、加里·贝克尔、詹姆斯·布坎南、罗伯特·福格尔等等。但令人有些遗憾的是，对芝加哥学派有开山之功的弗兰克·奈特，反而没有得过诺奖。

不过，真正的大学者永远都是时间的朋友，奈特的思想影响力一直绵延不绝。

就拿他那篇写于一个多世纪前的博士论文《风险、不确定性和利润》来说，每隔一段时间，特别是当环境出现比较意外的变化时，总会被拿出来引用揣摩。奈特说，风险是可知其概率分布的不确定性，人们可以根据过去来推测未来的可能性，而不确定性是指不可度量的风险，人们无法根据过去的经验来推断事情在未来发生的概率。

过去这一两年，恍若隔世，我们很难再回到新型冠状病毒肺炎疫情之前，也很难再回到中美贸易摩擦之前的生活。未来病毒到底会怎样，疫苗到底有多大效果，严格来说谁也不知道。是真的不知道。不像以前，我们对很多事情也不知道，但知道它们发生的可能性。

不过，当不确定性变成我们需要集体面对的常态，有一样东西又会变成确定，那就是人类必定会想方设法、千方百计研究不确定性，驾驭不确定性，减少不确定性。

奈特当年提出过两种减少不确定性的方法。一种是集中化，比如保险公司利用不确定性结果的相互抵补，将众多偶然事件集中到一起，从而把投保者的较大不确定性损失转变成较小的保险费。一种是专业化，企业的联合有助于克服不确定性。随着企业规模的增加，专业化决策能够减少控制成本的不确定性，同时也能产生更熟练的技能，以更好地应对不确定性。

仁者见仁，智者见智，最近我也提出了一个观点：企业对付不确定性，要靠本钱。

本钱的第一重含义是本金，就是你要有一定的自有资金，不是借得越多越好，所谓"虱多不咬，债多不愁"，似乎只要押注未来资产升值，就可以拼命去借，膨胀资产负债表。未来往往是不确定的，会出现资产价格下跌或难以变现，而负债是要准时准点去还的，那就麻烦了，弄不好就爆仓。

本钱的第二重含义是本事，就是你要有整合各种要素资源、创造价值的本事。什么叫企业家？企业家就是对稀缺性资源的配置做出决策性判断的人。什么叫决策性判断？有很多种可能，不一定哪个会发生。假如你现在就要拍板，投还是不投？放还是不放？可能放对，也可能放错。但如果你是企业家，就不能当缩头乌龟，说"不做判断行不行"是不行的。

奈特说过，现实的经济过程是由预见未来的行动构成的，而未来总是存在不确定因素的，企业家就是通过识别不确定性中蕴含的机会，并通过对资源整合来把握和利用这些机会获得利润。

做好判断，这是企业家的本事，是真本事。

企业家要做好判断，过去更多靠经验，靠勇气，靠计算，在今天这个数字化的年代，还要靠数据搜集、挖掘和分析。阿尔法围棋之所以那么厉害，靠的就是大数据和深度学习练就的机器智能。拍脑袋、比胆大，这样的时代要过去了。

数字化在过去二三十年改变了世界，改变了中国。我一直说，中国经济要从资源消耗的投资驱动，转向大规模靠智力、靠数字和数字化技术驱动。数字技术是解决中国经济诸多问题的必由之路。把一切通过数字化的方式刻画下来、连接起来，就能极大地消除各种信息不对称，减少资源的浪费，实现生产的精益化，产销匹配的精确化，服务的定制化、精准化。

中国经济过去几十年吃人口红利，现在在吃工程师等人才红利，我觉得接下来要吃技术红利，特别是数字化技术的红利。要用数字技术应对各种不确定性。比如，用数字技术改造生产、管理和销售流程，降低成本，提升品质，有助于中国制造走向中国智造；又如，面对疫情，电子商务、远程办公、在线教育、智能物流等无接触形式，能让我们的工作和生活保持有条不紊。

过去中国的消费互联网很活跃，我觉得接下来是产业互联网和消费互联网比翼齐飞的年代。根据中国信息通信研究院的研究，2020年农业、工业、服务业中数字经济的渗透率分别为8.9%、21%和40.7%。这说明数字经济的潜力还很大，在很多领域的应用才刚刚开始，如智慧农业、智慧制造、智慧零售、智慧金融、智慧医疗、智慧城市等等。

《从连接到激活——数字化与中国产业新循环》通过到实地调研，挖掘有代表性的案例，比较全面地反映了数字技术在各行各业的应用。这本书讲了不少"术",也讲了"术"背后的"道",有助于从企业到政府以及社会更深入地了解数字化,以及数字中国的发展与未来。

国外曾有经济学家说,影响21世纪世界进程的有两件大事,一是美国的高科技,二是中国的城市化。这种判断很难说是准确的。不过要是说影响21世纪世界和中国的最重要力量之一是数字化,我觉得应该是确定的。因此,更多去了解数字化,了解产业互联网,就成为社会的一种必然。

引　言
每一次激活，都是一次新的可能

一

这是一本关于数字化转型、产业互联网发展的书。

萌生撰写这本书的想法时，我们第一时间找到了行业中最前沿的公司，比如腾讯、蔚来、顺丰、贝壳等。我们期待，从对这些公司的采访中找寻中国企业数字化变革的脉络。不过，随着采访深入，我们意识到，这不只是一本关于企业的书，也是关于每一个普通人的书：可能很多人还没有意识到，变化已经深入我们的日常生活，为人的全面发展创造了新的可能。

周富贵是中国1800万视障人士中的一员，他仅左眼有0.1的视力，每次打开电脑，都要把鼻尖贴到屏幕上，把屏幕上的内容放大5倍。身边大多数视障朋友都从事按摩行业，但他在按摩之外，还选择了另一条路——软件开发。他上网找视频学习，把屏幕放大，看清后暂停画面，把代码一行行抄下来，抄完再继续放，再停，再看，再抄。他要做一款给视障群体使用的App（应用程序），让朋友们也能通过手机参与各种娱乐活动。经过数月开发，他把视障用户常用的几类功能集合起来，做成了一个工具类应用，视障人士可以在上面听小说、查天气、逛视障者聚集的论坛。这个应用叫"掌中世界"。

2020年，周富贵拿到了深圳市信息无障碍研究会的录取通知，正式成为一名信息无障碍工程师。"掌上世界"以及"保益"、"点明"等多款视障群体常用的工具软件，还得到了腾讯云提供的OCR（光学字符识别）能力的支持，对OCR的总调用量已经接近200万次。每一次调用，都意味着帮助视障人士解决了一个生活场景中的难题，比如网购时提取商品详情图中的文字，识别网页上的图片按钮、验证码等信息。一个在北京的视障父亲，打开应用对着电视拍照后，了解了节目单的排列顺序和内容，顺利为孩子播放了《小猪佩奇》动画片。

陈艳是博世汽车电子苏州工厂的"表面贴装产线"资深目检员之一，负责检查由自动光学检查设备筛查出来的印刷电路板，查看所有焊接点是否都牢固、组件归位是否都正确，并借助放大镜甚至显微镜找到微小的瑕疵。每半年，她就要接受一次视力检查。2018年以前，一位目检员负责两条产线，每天三班倒。

2018年初，由于人工智能（AI）在图片识别领域已经非常成熟，博世苏州工厂成立了一个项目组，决定用人工智能算法来提高自动光学检查的效率。小组成员包括：AI产品经理、AI项目经理、模型开发工程师、软件工程师以及目检员陈艳。陈艳在完成日常工作外，还要对人工智能模型用到的数据进行分类，也就是"打标签"。由于第一次尝试人工智能，团队没有预计到，表面贴装印刷电路板的图片精细程度比普通的图像识别应用精密得多，陈艳会同产线的焊接制程专家和人工智能专家反复探讨和制定"打标签"的标准，图片精细程度每次都提高一个等级。7种产品部件、超过47万份图片和文本，都是她一份一份录入AI模型的。这个项目产生的AI模型最终以陈艳的名字命名：YANZ。

现在，陈艳日常超过80%的工作内容都与人工智能有关，重复训练人工智能模型是她的工作重点。她说："我也曾经担心大家说的机器人会取代我们普通操作工的工作，但没想到现在我的工作是训练机器人。"

平均每分钟，中国会有几十个婴儿出生，每位母亲都要纠结一个问题：顺产，还是剖宫产？第四范式是一家人工智能公司，他们开发了一个名为AutoML的产品，只要把孕妇体检的指标数据以表格形式输入机器，很快就可以预测出新生儿的体重，帮助医生做判断。对新生儿体重的预测在三年前已经可以做到误差在0.2千克以内的精确度。妇产科的医生有了这个助手，减少了很多纠结的压力。

第四范式的创始人戴文渊说，一个个具体的、活生生的人，没有太多人工智能基础，不会写代码，可能只会操作Excel表格，但可以通过基本的学习来使用人工智能，"我认为这代表我们真的改变了世界"。

二

上面的每一个故事，都让我们感到温暖，更让我们意识到，产业互联网的发展、数字化的应用、数字化的转型，并不是悄悄地在写字楼内、工厂里、车间里、云端潜行，也不只是冷冰冰地在程序员与工程师的电脑中、Excel表里、应用程序中跳跃，而是实实在在地呈现在经济运行的每个环节、个人生活的每个场景里，让经济运转更高效，让人生活得更好，工作得更好。

这恰好是当前中国经济追求高质量发展、企业向中高端转型、个人寻求更加美好的生活过程中，绕不开的选择。

在"十四五"规划和 2035 年远景目标纲要中，中国政府明确提出，加快构建以国内大循环为主体、国内国际双循环相互促进的新发展格局；加快数字化发展，建设数字中国。

为什么要加快？因为传统的更为依赖外延扩张的增长方式，越来越难以持续。这在宏观上表现为，无论是企业还是地方政府，负债率越来越高；在微观上表现为，很多企业不是为顾客生产，而是为库存生产。只有"两个加快"合在一起，让数字化在中国未来的 5 年到 15 年，扮演更重要的角色，让数字时代真正来临，才能改变现存的问题，激活新的循环，创造新的可能。

可是，有关数字化和产业互联网的理论、书籍浩如烟海、汗牛充栋，人工智能、大数据、云计算、区块链等名词，也有无数解释，到底怎么样才能做好这件事呢？

我们想，所谓行胜于言，答案一定在实践之中。所以，我们用 100% 实地采访的方式，从中国成功的数字化转型案例（包括数字经济、数字社会、数字政府等）中，挑出最具代表性和借鉴性的一部分，全景式地为你呈现。

在几十个案例中，我们几乎都采访到了最主要的数字化推手，比如：腾讯云与智慧产业群（CSIG），采访的是 CEO（首席执行官）汤道生；蔚来，采访的是李斌；完美日记（广州逸仙电商有限公司旗下品牌），采访的是总裁陈宇文（他在接受采访几个月后辞职，再创业），他是三个联合创始人之一；奈雪的茶，采访的是彭心；树根互联，采访的是贺东东；贝壳找房网，采访的是彭永东，采访时他是 CEO，在董事长左晖不幸去世后，接任董事长。

在一本书里，汇聚如此多的案例，覆盖如此多的行业，而且全部基于第一手采访和权威访问,至少到目前,这应该是唯一的一本。

我们为什么要耗费如此多的时间,克服各种困难,一定要到现场采访当事人?

因为我们把自己定义为"受托者"。有很多人,比如企业里的、政府里的、民生服务机构里的,他们想了解数字化转型究竟是什么、产业互联网究竟如何展开,但不可能有时间、精力一个一个地去看、去问。我们相当于受他们之托,替他们去看,替他们去问,然后整理成文,加以总结提炼,供他们参考。

三

"创新理论之父"约瑟夫·熊彼特曾做过这样一个比喻:"不管把多大数量的驿路马车或邮车连续相加,也决不能得到一条铁路。"显然,当期待要进行铁路研究的时候,我们不能以驿路马车或者邮车为坐标,而要探寻"运输"这件事的本质,也就是人与货物、效率与成本、需求与供给之间的关系。

同样的道理,既然是关于数字化的书,我们需要探寻数字化的本质到底是什么。著名IT(信息技术)研究机构Gartner对数字化做了几个基本定义。

数字式(digital):当用作名词时,是指通过二进制代码表示的物理项目或活动;当用作形容词时,描述了最新数字技术在改善组织流程,改善人、组织与事物之间的交互,以及让新的商业模式变成可能等方面的主要用途。

数字化(digitalization):是将模拟信号转变为数字信号的过程;是利用数字技术来改变一种商业模式,并提供新的收入和价值创造机会；是转向数字业务的过程。

数字业务转型（digital-business-transformation）：是开发数字技术，为创建一种强有力的数字业务模式提供支持能力的过程。

单独看这些定义，很多人会以为数字化很简单，就是0和1。这当然没错，尼葛洛庞帝在1995年出版的《数字化生存》中写道："越来越多的信息如声音和影像都被数字化了，被简化为同样的0和1。"

虽然数字化的起点是简单的"0和1"，但是能把一种状态用数字信号进行表达，就意味着可以对这些状态进行度量、比较、存储、传输、发现问题、优化决策。数字信号简单透明，天生就是穿越者，穿越模拟世界的层层阻滞，让信息对称，把要素重新激活，迈向资源配置的最优之境。

不过，仅仅"0和1"就够了吗？答案显然不是，在现实的案例中，"数字化识别"只是第一步，在这之后，更加重要的第二步"数字化连接"随之而来。

比如，人们寻找酒店的过程经历了多个阶段：最早是在路边穿行，看哪里挂有"有空房供应"的标牌，后来是通过电话簿，然后有了酒店的网站，再有了在线旅行社（OTA），最后是共享经济平台，游客通过爱彼迎（Airbnb）这样的短租平台可以绕过酒店，直接租住他人的民宿。

随着技术发展，一个平台在今天就可以连接天下，这就是"数字化连接"的作用。在这里，最核心的基础设施就是互联网、移动互联网。

20世纪90年代中后期，互联网进入中国，而今1/4个世纪已经过去。人类历史的四次工业革命（机械化、电气化、信息化、智能化）前后有200多年，在中国则浓缩在最近这二三十年，再加上市场化、城市化、国际化，交融在一起，上演了无数精彩纷呈又起伏跌宕的活剧。如同高瓴资本创始人张磊所说："你能想象有一天走在大街上，同时看到钢铁大亨卡内基、金融大亨摩根、石油大王洛克菲勒，还有谷歌创始人拉里·佩奇，亚马逊的贝佐斯、脸书的扎克伯格这些人吗？现在的中国，就拥有这样的奇迹！优秀的创业者在同一个时间出现，并肩走在同一个舞台上。"

正因为有太多的"化"聚合在一起，数字化、智能化在中国也有着比世界上任何地方都广阔的空间：工业化+信息化，是"两化融合"；+移动互联网，是在线经济；+国际化，是跨境电商；+智能化，是"数字孪生"，是C2B（消费者到企业）的个性化、柔性化制造；+供应链和上下游，就成了平台与生态；城市化+智能化，是智慧城市……

这就是数字化的第三步——"数字化激活"。数据驱动、价值重构与敏捷创新，贯穿着所有"化化相融"，成就着"造化万千"：无论是各个产业、社会服务，还是政府治理，都存在大量盲点、堵点、痛点、难点。数字化转型的作用，就是要让盲点被照亮，堵点被击穿，痛点被化解，难点被克服。就像在茫茫人海中，突然有一股力量，帮你找到了心目中最向往的那个"她"。你们原本不该如此遥远。当你和她之间的整个链路被激活、被缩短，人生从此不同。

四

随着采访的深入，我们越来越深地意识到——

整个中国要实现高质量发展，必须经历数字化识别、数字化连接、数字化激活的"三步走",从而整体性地驱动生产方式、生活方式和治理方式的变革;必须激活数据要素的潜能,精益、精准地提高全流程、全链条的效率。

如此,中国才能成为一个高效的、精明增长(smart growth)的经济体,真正实现可持续发展;公共服务、城乡治理、社会运行、人际交往、日常生活等,才能变得智慧、便捷和顺畅。

中国是有优势的。中国有海量的数据、丰富的应用场景,以及高水平的网络设施和十亿级别的智能设备用户;中国有全世界品类最完整的制造业基础,当数字技术与实体经济深度融合,不仅能帮助传统产业转型升级,更能在新兴消费者的加持下,催生大量新产业、新业态、新模式,启动新的增长引擎。

几年前,到欧莱雅集团巴黎总部采访时,听到了digital beauty(数字化的美)的说法。在欧莱雅,digital不仅指大数据,还包括和消费者连接的一切活动。欧莱雅认为,今天的消费者不是纯在线上,也不是纯在线下,而是在虚拟空间和现实空间来回穿梭,比如人在线下,却在用手机看线上达人如何,或进行线上线下比价。这样的消费者其实是phygital(physical & digital,真实与虚拟)的2.5次元消费者,他们在社交媒介上一边看直播,一边买货。传播和销售一体化了。

欧莱雅的高管说,欧莱雅的全球增长更依赖新兴市场,新兴市场更依赖中国,中国市场更依赖在线销售,这就是中国的digital beauty的作用。2016年欧莱雅就开始尝试直播带货,旗下品牌美宝莲纽约在"Make It Happen"的活动上举办了美妆业的第一场直播,接着又启动了线上美妆顾问(online BA)项目,招募愿意尝试直播的线下美妆顾问,并对其进行培训与孵化,今天的"主播顶流"

李佳琦就是其中之一。

2021年4月在和李佳琦交流时,他说自己每年做300场左右的直播,每一秒的弹幕都代表了大量用户的反馈,长期积累,让他在脑子里对用户喜欢什么颜色、包装、设计、款式、材质、成分、功能等累积了大量"数据"和"算法",以至于只要别人拿出一件商品,他仅看外观就可以提出很多意见。

数字化的时代和数字化的舞台,激活了李佳琦这样的年轻人。当李佳琦成为数字化营销的载体,他又可以激活很多新国货品牌,以及藏在深闺的原创设计师的作品。

在采访和李佳琦有过合作的逸仙电商的陈宇文时,我们问:"你们公司2016年才成立,为何只用了短短4年就在美国上市了?"

他回答:"我们从上大学起就有开网店的经历,对互联网比较熟悉。2015年、2016年,我们清晰地看到中国经济的基础设施已经搭建完毕,包括移动支付、云、大数据、物流和工厂网络,还可以利用微信等生态快速获得用户。基础设施搭建好后,就是有专业能力的创业者们的时代。于是,我们选择消费品这个赛道创业。"

中国的数字化基础设施,让欧莱雅这样的跨国巨头、李佳琦这样的创业者、完美日记这样的新创品牌,都能丰收。

奇绩创坛创始人兼CEO陆奇说,世界经济新格局的主旋律是什么?是"中国+技术"!这意味着巨大的市场机会和发展机会。

五

"三步走"看起来很清晰,也是属于中国的机遇,但这个转型过程就像历史学家唐德刚所说的"历史的三峡":路径清晰、水面平静,但是水道曲折,暗流、礁石林立。对每一个机构和企业来说,都意味着巨大的挑战,折戟沉沙还是轻舟飞跃,压在每个局内人的心头。

2015—2016年,遭遇下行周期影响,三一重工销售额大幅下跌,比2011年的高点下降了一半多,同时各项费用不断提高,资产负债率、库存周转率等财务指标不断恶化。三一重工不得已走上了数字化转型之路。2018年,三一重工董事长梁稳根总结说:"数字化转型,不翻身,则翻船。"

为了让全体员工深入了解数字化并达成数字化转型的共识,梁稳根让手下搜集了关于数字化和智能制造的数十本著作、几百个视频,深入学习,还经常在午餐会上和管理团队检讨灯塔工厂的建设。在他的率先垂范下,三一重工在2018年实现了采购、研发、生产、销售、设备数据收集、反馈服务的数字化,后来又建成了包括无人化下料、智能化分拣、自动化组焊、无人化机加、智能化涂装、客户个性化定制等在内的数字化车间,还参与投资了国内领先的工业互联网企业树根互联。该公司专注打造工业互联网操作系统,其行动策略是"机器连得上,数据接得住,设备管得好,智能落得地"。

三一重工的实践证明了Gartner所提出的一个公式:capability = mindsets + technology + practice,即"能力 = 思维模式 + 数字化技术 + 企业实践"。

Gartner在20世纪90年代最早提出ERP(企业资源计划)概念,掀起了ERP热潮。2019年,Gartner革新了ERP的定义,提出EBC(enterprise business capability,企业业务能力)。EBC系统是以大数据、物联网和人工智能技术为支撑,将业务与技术融合,从客户角度出发,以满足客户需求、提升客户体验为目标的管理系统。

根据 EBC 的能力公式，首先需要的是思维（mindsets）的突破，尤其是领导人的思维模式。

我们在蔚来采访时，本来想弄一个"打造用户企业"的 N 条"秘籍"，结果一条也没弄到。因为在李斌看来，这都是术，而道最重要。他本人把很多时间花在用户那里。他解释说："每个人的时间只有这么多，你的时间花在哪儿，就证明这件事情对你重要。我周末经常去各地拜访用户，觉得很高兴，就像你要去拜访朋友，会觉得这是个累赘吗？不会，你觉得这是一个挺开心的事情。"

不少企业卖完产品，和用户的关系基本就结束了，而蔚来的用户关系才刚刚开始，有 NIO House、NIO Day、NIO Life、App 等各种方式。李斌说："我不觉得这是不务正业，我觉得这很重要，因为这是我们的用户需求。"

李斌说，2012 年他就感到在移动互联网时代，云开始连接万物，要用云的思维去构建服务。但很多企业还在用互联网出现之前的方式去服务用户，比如车主加油只能去加油站，人找服务。而蔚来的思路是用云把全国的充电桩、换电站、服务团队、车辆等都连接成一个能源云，用户只需要在 NIO App 上一键下单，全国的服务专员就能提供上门服务，做到服务找人。App 上有用户点评，比如这个充电桩到底能不能用，充的速度大概会是什么样，让大家心中有数。另外，不同的充电桩由不同的公司运营，如何用一个账号就可以支付所有充电桩的费用，他认为这种体验特别重要，而非互联网出身的公司领导人往往会忽略这些。

对于很多传统企业，"道"只是一种观念，而对喜茶来说，道与术和每个动作是须臾不可分离的。在喜茶的创始人聂云宸看来，每一杯茶饮、每一个包装袋、每一次数字内容的生产与分发、每一家喜茶店的设计，都是和消费者接触的内容，都要用心去做，都要表达喜茶的精神和灵感。他的办公桌上不放文件，放产品的出样，就算是一个袋子，他也会细细琢磨。

六

中国大量中小企业的信息化基础非常薄弱，在软件方面长期缺乏投入，要一步完成数字化转型，无论是在意识、组织还是在技术上都有很多压力。一些找不到恰当数字化之路的企业说："不搞数字化是等死，搞数字化是找死。"另一些，则给自己挂上了"迷醉的面纱"：数字化并不难，我们的ERP、数据库都做得很不错……

Gartner公式中的另外两项，technology（数字化技术）和practice（企业实践），恰恰能回击这种"迷醉"：在采访中，我们有一个强烈的感受，如果一家公司没有很强的IT、数据团队，没有分布式创新和扁平化管理的意识，没有云的思维，不了解大型互联网平台的内涵并与之深入合作，不在用户服务、生产和管理流程、供应链等方面采用云和SaaS服务，并深度参与定制化开发，几乎就可以断定，这还是传统企业。

中国很多金融机构都说要搞金融科技，但我们在微众银行看到的是，这家银行的科技人员占员工数量的60%，研发费用占营业收入的近10%，银行对他们来说从第一天起就和网点无关，而是包括支持场景创新的开放平台、基于开源软件等的开放创新、基于分布式技术的商业联盟等在内的服务系统。

微众银行首先是一家科技公司、人工智能公司，金融只是业务内容而已。

思维、技术和实践往往是连在一起的。

微众银行的不少技术人员过去都在其他银行搞开发。他们说，过去和现在的区别是，过去业务人员发现了一个市场机会，业务部门会向技术部门提出开发需求，由技术部门开发，层层审核后上线。由于技术部门害怕上线后出问题担责，所以慎之又慎，开发时间很长，中间的审核也特别复杂。最后市场机会没有了，产品也就无法上线了，甚至很多开发从第一天起就知道最后上不了线。而微众银行的做法是，业务线一旦发现机会，比如从车险市场上看到了一个产品机会，就立即和技术开发线的同事组成小组，一起并行工作，迅速上线，哪怕有点漏洞也不怕，快速去改，在和用户互动中改善、迭代。

"过去一个产品的开发上线要几个月甚至半年，而在微众银行最快可以10天。这就是集中式创新和分布式创新的不同。分布式创新是很多个大脑在动、在观察，当然会有更多发现，效率也更高。"

传统金融机构讲的金融科技，是一个部门的事。对于微众银行，金融科技是基因，是生命。传统金融机构也讲数据驱动，数据是提交给领导的一套报告，而在微众银行，数据是血液。

一些传统企业搞数字化，领导人总是命令说，要开发一个App，似乎App代表了数字化的标配。但在优衣库和喜茶，我们发现，他们最为看重的数字化营销指标是微信小程序，小程序的数据变化图都贴在醒目位置。他们理解的数字内容还包括订阅号、视频号、朋友圈等等，如果善于运营，要比独立搞一个冷冷清清的App好得多。逸仙电商的陈宇文说，完美日记到现在也没有独立开发App，因为中国互联网的主要流量在平台而不在独立站，所以渗入平台生态进行用户挖掘是最合理的路径。他也提到了小程序，好处是可以沉淀私域流量。

一些传统企业动不动就说，线上线下的销售是一对矛盾，顾此失彼，没法搞好。我们在采访中看到，平台、门店、导购之间的利益壁垒是可以打破的。方法很简单，就是线下导购利用各种方式，通过微信小程序绑定更多会员，24小时在线营销，线上、线下会员数据和订单数据全部共享。导购和顾客ID（身份标识号）绑定后，顾客在线上产生的销售会计入导购的业绩。很多品牌都在采用"导购+小程序"对顾客进行1对1、1对多的服务，相当一部分销售额都来自线下的闭店时间。传统的销售时间和空间被打破了，线上、线下的界限也被打破了，这就是通过数字化转型，实现生产力的激活。

成功的数字化转型，必须思维模式、数字化技术、企业实践三者兼备，叶公好龙不行，自我封闭也不行。

七

中国的数字化是星辰大海般的进程，在应用端是非常接地气的人间烟火。

就像2020年新冠疫情期间的健康码、视频会议、到家生鲜，没有这些，我们的生活和工作会大受影响。

2021年5月11日公布结果的第七次全国人口普查，是一次宏大的数字化实践。700万普查员、全体中国公民，首次在线上完成了人口普查数据采集。

这次人口普查创下了多项数字化纪录：

首次完全实现"无纸化"，实时及时上报数据，由于电子采集方式将登记时间缩短到 20 分钟以内，在很大程度上降低了后期数据录入、处理的难度；

首次利用行政大数据进行比对核查；

首次实现利用互联网云计算、云服务实时处理工作；

首次用信息化系统对 700 多万普查员进行线上管理。

这背后的重要支撑，是腾讯云。腾讯云数据库支持了 10 亿级用户数据、700 万个终端和百万级峰值 TPS（每秒处理量），保证在最终上线时，全国人口信息在 15 天内完成采集，每秒查询率（QPS）达到 50 万，而且数据一条都不能丢，系统一秒都不能断。

历史表明，每一次经济社会形态的重大突破与变革，必然依赖新的生产要素。如果说劳动力和土地是农业时代的生产要素，资本和机器是工业时代的生产要素，那么今天，数据以及围绕数据的技术，已经成为新的生产要素和战略资源。

很多人都听过"VUCA"的说法，说我们正处在一个充满变化和混沌感的 VUCA 时代之中。

VUCA 最初是一个军事用语，是 volatility（易变性）、uncertainty（不确定性）、complexity（复杂性）、ambiguity（模糊性）的缩写，20 世纪 90 年代开始被使用。

IBM（国际商业机器公司）商业价值研究院通过研究第二次海湾战争期间的美军表现指出，VUCA 并不是不可以克服的。因为数字化技术赋予了美军实时感知及应变决策的能力，让最前端的作战人员可以通过数据链感知变化，参与到指挥过程中来。身处最前线的侦察兵，甚至可以参与调动舰射巡航导弹、战斗轰炸机、自行火炮等战斗资源，对战场上新发现的目标优先级进行决策。这场战争没有狂轰滥炸，取而代之的是外科手术式的精确打击。

第二次海湾战争是第一次数字化战争。这场战争启发人们，推进数字化的目的是更好地决策应变，将决策权向前线人员转移，让离前线（客户）越近的人越容易调配资源。而要完成决策权转移，就需要建立一个能支撑实时感知变化、实时分析变化、实时制定最优决策，并能将决策自动执行的数字化平台。

通过这样的涉及技术、平台、组织、文化等变革的数字化转型，我们会迎来一个新的VUCA时代：vision（视野）、understanding（理解）、clarity（清晰）、agility（敏捷）。我们能清楚地看到变化，理解变化，并做出清晰而敏捷的反应。

商场如战场，很多规律是一致的。

八

最后，请允许我们再回到开篇，回到每一个普通人的生活中。因为我们坚信，所有有价值的数字化探索，都是在探寻一种更加美好的工作、生活以及治理状态的可能性。

这种可能性永远存在，只是潜伏在某个地方，只是被某些因素所束缚，无论是观念的、技术的，还是实践的。

随着技术不断发展，只要以人为本、科技向善，就有让美好的可能性绽放的机会。

每一次激活，都是一次新的可能。而我们在本书中采访和描述的案例，已经把可能化为了现实。

愿你和他们相伴而行。

第一章

智慧零售

一场走了 20 年才抵达战场的远征

开 篇

智慧零售的故事，始于知名的"啤酒与尿布"传说：

美国大型超市沃尔玛，利用数据分析发现每周五晚上，啤酒与尿布的销售量呈正向关系。也就是说，每周五晚上，尿布和啤酒这两样东西放在一起，会卖得特别好。其中原因，是年轻父亲为了周末在家看球赛，会去超市买啤酒，往往也会被妻子要求帮婴儿买回尿布！

从营销界跨越到大数据分析界，这一传说长盛不衰，无论中美，从营销界畅销书到大数据分析畅销书作者，无不以此经典案例开启自己的讲述。虽然这则传说的真伪、发生的时间节点，至今仍在争论之中，但正如托尔金所言："历史变成了传说，传说变成了神话"（History became legend, legend became myth）。当一个故事成了传说，其真实性背后折射的意义，才更值得探寻。这则据传最早可追溯到1992年的商超业变革历史至少证明，早在20世纪90年代，美国"信息高速公路"建设计划刚起步时，零售行业就已经希望通过数据的相关性，挖掘出更好的路径，提升消费者黏性和销售转化。

可惜的是，这场肇始于线下商超、零售的探索，至少到2002年亚马逊推出AWS（亚马逊旗下云计算服务平台）、贝佐斯提出"亚马逊的价值近似于水电等基础设施服务"之前，还没有人清晰揭示出来——数字化不是脱离线下另起炉灶的线上化、搭建电商平台，而是线上线下的深度连接、融合，进而迸发出比单纯线上化更大的能量。甚至在那之后很多年，业界对此的理解依旧停留在"这是一场实体零售与线上电商之间的战争"！

国内零售业界的理解，同样难脱窠臼。2010 年前后，国内市场上，淘宝和京东先后崛起，线上销售额持续增长，蚕食线下市场份额，线上与线下的战争一触即发。第一场"巅峰之战"发生在 2012 年，当年的"CCTV 中国经济年度人物"颁奖现场，王健林与马云进行了一场豪赌："10 年后，如果电商在中国零售市场份额占 50%，我给他 1 亿元，如果没到他给我 1 亿元。"

赌局的走势没有太多意外，随后几年，线下零售迎来了寒冬，外资巨头家乐福持续亏损，本土零售陷入了"开店还是不开店""合作还是不合作"的焦灼。最悲情一刻，发生在 2017 年 11 月，大润发被阿里巴巴收购，整个行业流传着黄明端（大润发创始人）那句不知真假的话——"输给了时代"。

那之后，当一直被零售业视为标杆的家乐福中国，在 2019 年以区区 48 亿元卖身给苏宁易购时（80% 的股份），人们不再对消息本身感到惊讶，而是意外地发现，这家位居中国超市/便利店连锁百强前 10 名的知名企业，已经资不抵债了：2017 年、2018 年，家乐福中国分别净亏损 10.99 亿元和 5.78 亿元。

至暗时刻，恰是黎明破晓前。自 2018 年开始，来自线下零售商的反攻，悄然潜行。不同于此前，这次他们没有将线上电商视为对手、敌人，而是义无反顾地投身一个全新的战场——智慧零售。

步步高集团董事长王填是这两场战争的亲历者。2013 年开始，王填带领步步高直面电商的竞争，向线上化、电商化进军，搭建会员、电商、物流、支付、便利五大平台。这场战斗，一直持续到了2017年。回顾往事，王填将2013—2017年称为"迷失的五年"，并将电商的冲击视作他创业以来遇到的最大挑战："面对电商发展带来的压力，我们做了很多，比如网上商城，比如云猴，花了两亿元，但没有突围出来。"

"那个时候我们就是做一个线上渠道、交易平台。这个交易平台跟线下的业务没有衔接在一起，完全独立，相当于我们公司再去投资另外一个业务。"用步步高集团高级副总裁兼CIO（首席信息官）彭雄的话说，"在那段时间，我们不能说失败，但是不太成功。"

2018年，步步高正式启动数字化转型，王填重新出发。这一次，线上化不是目标，王填希望，步步高成为一家数据驱动、线上线下融合的智慧零售企业。路线也更为清晰，做好数字化必须三管齐下：顾客数字化、商品数字化和运营数字化。

这一次，王填和步步高选择结盟腾讯、京东等，借力小程序搭建用户触达和交易闭环，以顾客数字化为起点，从单店开始试验，希望走出传统零售"有客流、无用户"的困境。战况没有让王填失望：在长沙的步步高南国店，导购员通过小程序Better购和微信社群，能够触达三公里商圈之内的14万消费者。而过去，导购员只能坐在超市里，等顾客上门。

线下关店潮也就此终止。2019年，步步高新开超市门店63家，增速为过去四年新高。此外，步步高集团还借助数字化运营实现动态用工、爆品预测、库存预警，推行门店合伙人制度，激活运营、组织管理效率等。2020年1—8月，步步高推行数字化改革试点门店，销售同比增长超过19%，利润同比增长达171%，劳效提升超

30%。"步步高依然是劳动密集型企业，每年工资有十几亿元，门店人效提升 30% 是一个惊人的数字。"彭雄说。

同样持续投身智慧零售战场的，还有天虹。过去五六年，通过数字化，天虹股份副总经理、数字化经营中心总经理谭晓华重构了 1000 多个流程，全透明、实时在线的全球供应链采购体系，帮助天虹将新品上架周期，从原先的两个多月提速至 8～10 天。不仅如此，数字化经营中心倾力打造的会员中心、商品中心、营销中心、大数据中心和流量共享中心，把线下业务的 60% 都搬到了天虹 App 和小程序里，到 2021 年年底前，这一数字会变成 90%！

不过，谭晓华依旧焦虑："昨天晚上我见运营总监，他对我说你怎么这么焦虑？我说，到路口了，以前大家都觉得前路迷茫，探索的过程可能会持续十年或者十几年，但是现在，可能只有一年了。"

谭晓华焦虑是有原因的。不同业态的数字化转型节奏步调并不一致，如何攻守兼备是天虹面临的最大难题。"今年（访谈时间为 2021 年）不能背水一战，不能够向死而生地投入所有资源去搏这一把的话，可能明年情况会更恶劣。这一年走不过去，也就不能走过去了！"

除了步步高、天虹，过去几年，投身这场战斗的，还有屈臣氏、永辉、沃尔玛、万达、百丽……接下来，我们通过步步高集团和天虹两个案例，与大家一起，探路零售行业的数字化转型。

步步高
"霸王卸甲"与"一根葱"的数字化旅程

一个合伙人与一场数字化转型实验

2020年，王闪刚满30岁，拿着作为门店合伙人的150万元分红，装修了新房，买了一辆奔驰SUV（运动型多用途汽车）犒劳自己。这个来自湖南常德的90后农村娃子，因为一场数字化转型的试验，在过去几年，经历了职业生涯最大的转折。

事情要回到2017年，黄明端选择将大润发卖给阿里巴巴，退出了拼搏一生的零售业，令人唏嘘不已。同样在这一年，王填则在步步高内部，重新点燃了数字化转型的战火。这一次，王填提出，步步高要成为一家数据驱动、线上线下融合的智慧零售公司，并构建了数字化蓝图，即顾客数字化、商品数字化和运营数字化。

任务再次交到了彭雄手中。这回，彭雄从试点开始就明确地意识到，他不是在做一个独立部门的事情，也不是做一个线上交易平台，而是开启一场线上线下一体化的数字化战争。所以，他从一开始就规划了三个板块的同步发力：消费者购物旅程、组织的运营管理、供应链的管理。

"消费者很重要。"事后回溯，彭雄一再重复这句话。与电商相比，线下零售落后的并非互联网技术、数字化工具，而是消费者连接和消费者整个购物旅程管理的缺位，再起步的步步高，选择了以此作为突破口。

位于步步高集团总部楼下的长沙梅溪湖新天地步步高超市（以下简称"梅溪湖店"），被选中作为试点。在这里，彭雄和团队利用微信小程序架构打造步步高 Better 购小程序，将购物流程的每个场景与线上系统打通，形成"消费者购物旅程"的闭环，其中的环节包括：停车场内导航、导购、优惠信息展示、优惠券领取、扫码购、自助收银、会员卡管理甚至是电子发票等。新设备也入驻门店，例如能够人脸支付的自助收银机等。

"这些环节的数字化改造并没有什么神奇之处，只是要把每一个环节都做到体验最优并串联起来，很不容易。"彭雄说，2018年4月，团队试点门店完成了购物体验、交易的数字化落地闭环测试，搭建起基于小程序的"以门店为中心，覆盖3公里，90分钟快速生鲜送达"服务模式。5月24日，Better 购正式在梅溪湖店上线，微信支付也配合活动推送红包。仅仅4天内，在梅溪湖店通过小程序注册的会员数就达到了1.1万，一周内门店微信支付占比达到62%。

也许是过去的失败太惨痛，一家门店的试点成功，还难以全面提振信心。这时候，刚刚在长沙奥特莱斯开出新店的王闪被选中，将数字化的试验快速迭代、再深化。

2018年12月底，离长沙市区更近的长沙金星北奥特莱斯开业，首日营业额接近4000万元，刷新同行新店开业纪录。同一天，步步高也在这里开出了一家面积7000平方米的新店，王闪任店长。这家店除了面积更大、品类更丰富，管理层也更新——从店长到员工全部是90后。彭雄决定在这里，带着"新人新店"，开展更大规模的数字化试验。

在线下，刷脸支付和扫码购已经是基础功能。还有一点和其他门店不同的是，商品和运营的数字化也开始在这里试水——店内每个商品都有专属的电子价签，连通前端支付、后端供应链和仓储管理。消费者可以直接进行支付，真正实现"边逛、边扫、边购买"，店长和公司管理层可以在后端实时管理仓储、货物上架等。

在线上，步步高通过微信公众号、微信支付定向发券、模板消息、社群、朋友圈广告等触点将用户引流至Better购小程序，形成内外流量入口，线上线下相互配合实现全渠道运营闭环。如社群运营，小程序提供了诸多工具，社群运营或者消费者可以将"秒杀""拼团""立减金""分享红包"等工具一键转发。彭雄和王闪还展开了"全员带货"，王填、彭雄、王闪，上到董事长，下到门店店员，每位员工都成为线上售货员。此外，步步高还通过和京东到家等平台合作，为顾客增加了"线上购物、60分钟到家"的完整体验。

截至2020年年底，步步高发展了超过400万社群用户，数字化会员超过2400万人，数字化交易占销售总额超过20%。

"腾讯曾经帮步步高的高管做了性格测试，90%是老虎型人格。"时任步步高智慧零售副总裁的徐莎莉回忆起这个细节说，老虎型人格的特点是足够自信、有决断力，同时也勇于冒险，只要认定目标就勇往直前，能够在市场竞争中利用自身充沛的精力和条件获得胜利。"零售行业的发展需要一毛钱一毛钱积累，虽然慢，但大家又都很想赢。"湖南人骨子里"霸得蛮、耐得烦"的精神底色，让经历挫折的步步高能够耐下性子来，卸下包袱，从用户的细微体验改善再启航。

事后回望，2013年到2017年的那场线上化变革，也是一次冒险，但并不成功。那场变革的背景，更多来自电商平台的压力。自1999年

Better 购小程序融合线上线下服务

阿里巴巴上线，2003 年淘宝诞生，2004 年京东成立，国内电商持续发展，到 2013 年，中国已经成为全球最大的网络零售市场。与此同时，4G（第四代移动通信技术）全面铺开应用，智能手机和移动互联网高歌猛进，进一步加速了用户向电商平台迁移。

过去，线下零售行业的用户研究和经营、商品采购、销售等，更多是靠经验，拍脑袋做决定，当线上玩家来侵蚀和拦截流量时，线下零售无力抵抗。压力之下，众多传统商超、百货企业纷纷转型线上，搭建电商平台，步步高也不例外。2013 年，步步高电子商务有限责任公司成立，步步高商城上线，并开始生鲜冷链基础设施的建设。2014 年，步步高成立湖南云猴数据科技有限公司，启动"云猴"O+O 大平台线上线下全覆盖的发展战略。2015 年，步步高进一步布局了线上生鲜和全球购业态。

然而，宏伟的规划并没有带来业绩改观。"这个交易平台过去与线下的业务没有衔接在一起，完全独立，就相当于我们公司再去投资了另外一项业务。"彭雄如此总结这场并不成功的变革。

战火再燃，王填的"三管齐下"与王闪的百万分红

当王填和步步高还在大力投入建设电商平台之时，"敌方"已悄然深入长沙腹地。2016年，就在步步高长沙南国店十字路口对面，一家永辉超市开业，祭出"现宰海鲜""亏本打折"等撒手锏。步步高长沙南国店是一家成熟老店，位于长沙市东南部的一处回迁社区中，服务周边十余万人。2016年前，这家店的经营状况一直是比较稳定的盈利状态。为了留住客户，步步高随即跟进，对面那家店的水果促销降了3毛钱，步步高反手降价4毛，直面竞争。一夜之间，南国店陷入了亏损。同样是这一年，步步高年报显示，受消费疲软、渠道竞争激烈、刚性成本上升等因素影响，净利润同比下降超过30%。承压的不止南国店。

眼见彭雄和王闪在奥特莱斯的数字化实验搞得风风火火、颇有成效，王填干脆把南国店也划给他们，并且更彻底地放权，干什么、怎么干都不管，要求只有一个：扛住十字路口对面的暴风雨，恢复盈利！

死马当活马医。"顾客数字化"的那一套被彭雄和王闪搬了过来，挺好用，但还不足以支撑扭亏。王闪又想了很多办法，比如派员工假扮消费者到对面巡店掌握降价信息，即时跟进，又比如锯掉货架，避免遮挡消费者视线，让店内显得更加通透……

不仅如此，彭雄和他带领的智慧零售团队深入门店蹲点，希望推进商品、运营的数字化试验。在门店数字化运营上，步步高从用工数字化、运营管理数字化两个维度入手，解决了此前数据无法流通、场景无法融通、交易无法同步等问题。

首先被关注到的是店内的用工。彭雄在蹲点过程中发现，门店客流存在明显的波峰和波谷，但门店收银岗位是固定的，并没有根据这一客流情况来进行排班，顾客需求与员工服务无法有效匹配。基于这一现实痛点，彭雄和团队开发了第一款数字化运营产品"动态用工"，这款产品也是后来王闪用得最顺手、频次最高的数字化工具。

依托企业微信和小程序，彭雄带领团队深入门店，做试验、拆解流程、明确岗位职责，重新确定每个岗位每小时薪酬，最终制作了"动态用工"这套像打车软件一样的系统，店长可以随时根据店内情况发布用工信息（包括什么岗位、需要多少小时的工作），非当班员工（包括临时工）可以根据自己的情况抢单上岗，完成工作后，系统按照标准进行薪酬结算。

产品出来了，体验和数据也不错，但如何推行落地是更大的考验。一方面，动态用工的方案触动了原有薪酬体系和部门的奶酪；另一方面，这一套新工具对门店原有运营体系、员工工作模式都有挑战。

落到实际操盘之时，彭雄真正意识到，过去先规划后实施的路径已经不再适用，数字化落地更有效的方式是"基于痛点、单点突破、小步快跑、逐步展开"。痛点明晃晃地摆在眼前——有了好的工具，但无法推行落地。要把好钢用在刀刃上，大刀阔斧的体制性改革势在必行。

门店合伙人计划被正式提上日程，决策权进一步下放到最前线的门店里。过去，线下零售行业有严格的价格管控体系。例如调价这件事情，步步高超市门店虽然在生鲜品类有一定的调价权，但其他品类如果要调价，需要集团总部审批，再层层回转、下达，战机早已贻误。再者，合伙人制并不新鲜，很多企业都推行过。

实际上，作为这套系统的主要设计者，中欧国际工商学院黄钰昌教授早在2018年就提出，合伙人计划的核心要素在于"人+智慧系统"，合伙人计划不仅是一个系统工程，更是一场变革管理，变革意味着挑战与机会。在突破认知和实践障碍后，将步入发展的快车道，助推公司业绩成长，共创共享价值。破解这个障碍的密码就是数字化工具。王填认为，合伙人制度让组织的目标、愿景、授权、流程变得清晰、简明扼要，权责能够对等。

"只要不是负毛利，价格我们自己调就好。"王闪说，成为合伙人之后，他有了更多的决策权，数字化则让决策有了更可靠的依据。王闪这次面对的变革，有些不太一样。组织变革和数字化工具一结合，意想不到的化学反应发生了。"公司推出的合伙制度和我们彭总的数字化运营工具一结合起来，这个效果就非常明显。"王闪说。他和几个关键部门的主管报名成为第一批门店合伙人，业绩达标之后可以分享门店30%的利润。更大的变化，来自业务模式和管理模式。

"譬如说这个单品的毛利现在可能有点低了，什么原因，系统马上会报警，或者说这个单品的库存还比较多，系统会给我智能推荐。"很快，他们的工作全部搬到了卖场，通过手机上的企业微信和小程序，就可以做到智能推荐、库存管理，实时提醒推送。在南国店，这套系统的功能中，"动态用工"是用得最多的，然后是"动态订货""动态折价""动态报损"等等，都给王闪提供了很大帮助，包括人员压缩、效率提升等。

王闪向作者现场演示如何通过手机即时调价

　　企业微信、小程序等数字化工具打通业务全流程，合伙人制度全面放开门店授权问题，实现了市价调整、质量评级、爆品规划、订货补货等全流程的数字化。仅2020年上半年，"动态用工"这一个小小的功能就帮助降低了步步高超市试点门店30%的人力成本，提升员工收入至少20%。

　　过去，盘点库存、销量情况，需要诸多报表来回奔走，现在拿一部手机就可以实现动态盘点，走到货架前，扫描相应的二维码或条形码，就可以实时更新；而大数据实时推荐的爆款商品，让他们不再依靠经验去判断什么商品卖得好。

过往货品调价，需要在电脑系统上操作，等待很长时间之后，价格信息才能同步至电子秤和收银机，之后才能将价签打印出来、去货架前更替。现在，站在货架前、打开企业微信，就可以在系统中完成调价，信息实时同步，点击打印按钮就可以通过便携打印机将价签打出来，现场更换；系统还能自动换算斤、公斤单位，让促销追上蔬果的新鲜度！

加上实时信息系统，步步高打破了此前依靠传统标准、口口相传和直觉判断的做法，将门店与岗位绩效连接，让一切可量化、可评估、可追溯、可优化。

更重要的是，依托集团大数据处理能力，王闪可以看到全长沙各个门店的销售情况，包括促销、会员管理等信息，配合相应的"数字化采购体系"，他们可以主动发现商品，倒逼采购部门必须给他们提供最新鲜、价格最优的商品。不然的话，王闪可以根据店内情况自行采购、寻找供应链。

如果说"消费者购物旅程"实现闭环，以前所未有的"旋风效应"激活了令线下零售业头疼不已的沉默社群用户，那么另外两个板块的"数字化商品""数字化运营"则分别激活了线下零售业此前希望改造，却迟迟难以有效推进的门店管理体系、供应链管理体系。

至此，整个产业链条都被重新激活了。

"霸王卸甲"与"爆品葱"

在所有因此被"激活"的模块中，王闪感受最深、讲得最多的，还是"爆品葱"。

"系统很奇怪，突然之间，不停地给我们推荐这个葱。我就没搞明白，总是给我推荐葱干吗啊，今天推荐爆品葱，明天还是推荐爆品葱。"一开始，王闪并不相信这个推荐，后来问了彭总团队，得知这是系统基于商品数字化、结合同类型门店大数据分析，判断葱是最具有潜力的一个单品，他才决定试一下。

"我们把这个葱提出来，放在秤台这里，一元钱一份。原来每天只卖200多元钱，现在每天卖800多元，有时候比我主推的菜卖得还好些，现在我们全公司葱卖得最好的就是我们店。"王闪仔细分析了"爆品葱"的诞生。他认为，站在消费者角度，这个推荐不仅解决销售问题，还提升了消费者满意度，"虽然很多人做菜喜欢放葱，但是总忘记买，所以我们把它一提出来，葱的销量马上就翻了几倍。"

步步高CTO（首席技术官）王卫东则从数据层面做了另一个解读，"爆品葱"的出现要基于两个手段："爆品预测"和"斤入把出"。所谓"爆品预测"，是指系统通过收集内部众多门店信息和外部数据，分析得出什么季节哪些商品会比较好卖、不同类别的门店销量应该是什么样的区间，并会向销量不及标准的门店推送信息。所谓"斤入把出"，是指系统自动归集门店的每一台秤的数据，计算得知每一类散装商品每一个用户大约会买多少。

要做到这一切，基础是步步高的数字化"大脑"——大数据中心。对步步高来说，首先要用数字化系统将整个运营的每一个环节串联起来：采购、仓库、门店订货、门店收货、理货、盘点、销售、打称、收银、售后反馈等。这个过程又涉及每个环节的货品信息、标准流程执行信息如何收集，库存商品如何实现电子盘点，各个环节的设备搜集的信息如何自动归集，如何分析数据等一系列问题。

这背后潜藏着的，恰好就是这轮数字化浪潮中，数字化路径选择的重要性，以及从连接到激活的要义。

作为操盘者，彭雄对这轮数字化有切身的认知。在2013年那一轮线上化过程中，步步高引入了不少数字化合作伙伴，包括甲骨文等，然而最终结果并不如意。

"甲骨文还是一个记录型的系统，也不是说它完全没用，有时候财务核算一体化，我觉得还是有用的，包括我们后台一些基本的功能，采购、进销存等等。"彭雄认为，这轮数字化真正要建设的，应该是一个基于流程互动型、用户参与型的系统，包括消费者、企业员工，都要能够参与、互动。

同时，数字化不仅要记录结果，更要记录过程行为。彭雄认为，过去信息化的管理只记录了进、销、存的结果，流程当中的每一个动作都是缺失的，"只有记录过程，才能做决策"。只有这样，企业才能做大数据分析，基于数据的洞察，观察细致到流程过程中，在流程执行的时候实时给到辅助，这样才能真正改善流程、改进绩效、产生绩效。

"我不是攻击甲骨文，我攻击全世界的BI（business intelligence，商业智能），如果BI就是搞一个报表，那intelligence（智能）就是个笑话。"对于不能连接数据、激活产业的信息化，彭雄直言不讳，从2011年开始学习、使用甲骨文，投入了很多钱，虽然不能说是错误的决定，但是确实没能产生多少价值，"原来的BI，还是看销售毛利，对门店运营来说没有意义，那就是个结果。"

对实体零售来说，最重要的是支撑决策，"比如说这款水果，我今天告诉你预警，为什么预警呢？我们认为这五个爆品里面必须有三到四个是季节性商品，也就是说现在这个季节哪个最好卖，品种你可以去选。比如说西瓜最好卖，应该卖到多少占比，如果没有达到就告诉你，这就有问题。"彭雄认为。

"除了要沉淀，数据还得能预测，要能做千人千面，要能做个性化营销，这更加需要数据赋能。"在王卫东看来，数字化路径选择很重要，没有连接、互动、激活，在传统数字化逻辑下，"爆品"的诞生只能是空想。

"到底哪条路子能走得下去，我估计这是很多传统企业都在思考的一个问题。很多事要凭一己之力去做，很吃力、成本很高，更关键的是如果方向不对，跑得越快会越迷失。"至少从目前看，在 2017 年重新踏入数字化战场时，王填最终选择的数字化合作伙伴，带给步步高的方向是正确的。

注一　关于资料来源

步步高集团案例相关素材，分别来自 2020 年 9 月 9 日上午在湖南长沙步步高南国店对时任店长王闪的专访以及现场走访，2020 年 9 月在湖南长沙梅溪湖步步高总部大厦对步步高创始人、董事长王填，时任步步高副总裁彭雄，时任智慧零售副总裁徐莎莉，CTO 王卫东，时任 CDO（首席数据官）汪晓波，全渠道用户运营高级部长易运娇，O+O 业务拓展部长李亮辉的专访，以及 2021 年 3 月 29 日下午对腾讯智慧零售行业总经理何迪的电话专访。

注二　关于步步高集团

步步高集团是中国连锁百强 15 强、中国企业 500 强之一。步步高集团 1995 年 3 月创立于湖南湘潭，2008 年集团控股子公司步步高商业连锁股份有限公司（002251.SZ）在深交所上市。

截至 2020 年年底，步步高在湖南、江西、四川、重庆、广西等省市拥有 692 家多业态实体门店，是湖南、广西的零售冠军。

近年来，步步高开启 O+O 战略，打通线上，回归实体，重建全球供应链，并逐渐向数字化企业转型。

天虹股份
数字化转型最大的敌人是自己

激活用户体验，线下线上本质一样

宝安壹方城是深圳最大的购物中心，面积达 36 万平方米，年销售额超过 50 亿元。在离壹方城不到两公里的地方，有一家天虹百货店，只有 2 万平方米左右。壹方城刚开业时，天虹百货店的销售额差不多同比下降了 10%。但一年后，天虹百货店的销售额恢复正常，并在之后的两年时间，持续保持。

"百货是一个集合型的购物场所，是为纯目的性购物而准备的。线下百货已经具备的最大优势，就是高效。当一家线下百货把门店开在某个地方的时候，已经为某一类客群做了一个更深层次的定位。"天虹股份副总经理、数字化经营中心总经理谭晓华认为，仅有高效是不够的，还必须足够便利。所以天虹把百货搬到线上去，并且在已有的次日达基础上，又推出了两小时送达。

"两小时送达是什么概念呢？如果你在上班路上，看中了某件衣服并且下单，午饭之前，就能在办公室里收到。要是不合适，可以退货或者换货。跟在电商平台上购物一样便利，但送达时间缩短了很多。"

高效和便利背后，都是顾客体验。不过，这仅仅发挥了百货公司的地理空间优势。更深层的顾客体验竞争，还需要回归到商品的丰富性上，这恰恰也是百货公司的优势所在。

如果在电商平台买东西，买双鞋子要下一单，买件衬衫要再下一单，买条裙子还要下一单。百货公司业态丰富，还可以集货，想要鞋子，想要衬衫，想要裙子，可以一起下单，两个小时后送到办公室、送到家里，也可以当场试穿，不合适就退换。如果在买鞋子、衬衫、裙子的同时，还想喝一杯奶茶或者咖啡，怎么办？没问题，别说奶茶、咖啡，就算柴米油盐酱醋茶，也可以一起下单，一次性送给顾客。

"等做到这一步的时候，你是选择在电商平台购物，还是选择在百货公司购物？"这就是天虹在分析了几十万的顾客样例之后，观察到的一个非常有趣的现象：顾客只在单一渠道消费的时候，无论客单量还是成交额，都是下降的；可一旦变成线上线下的双栖顾客，不仅总的购物频次增加，而且到店的频次也增加，同时成交额往往有超过两位数的增长。

做了这么多年转型探索之后，谭晓华现在有了更加清晰的理解："我在实体店为一群人服务，在线上还是为这群人服务。我们是为了同一类客群，满足他们全方位的服务需求。"

店随顾客走，用顾客熟悉的方式

转型初始，围绕顾客线上化的需求，天虹开发了独立的应用程序天虹 App。然而，当发展到一定量之后，不管是注册量还是活跃度，都到达了瓶颈。谭晓华分析认为，实体是导购一对一地为顾客提供服务，这就是百货公司的一种形态，而到线上，顾客都在微信端，重新弄个 App 或者其他方式，都不是顾客熟悉的方式。

"当顾客都在微信端的时候，弄个 App 或者其他什么电商，都不是顾客熟悉的方式，很多人会觉得麻烦而选择放弃。"哪怕是电商平台，也面临同样的问题。比如说，在淘宝上先要看消息，消息的背后才是导购。

因此，天虹认为，新的交易方式、顾客服务方式，本质是把实体店的交易形态用数字化的方式去重现、重构或者优化。这个过程中，顾客体验至关重要，导购与顾客不应该是冷冰冰的买卖关系，而是渗透了情感、信任、理解，只有这样，才能让顾客活跃起来、激活顾客。

这背后，围绕微信、企业微信的接口、工具，打造全新的"商场""购物中心"就至关重要了。"腾讯提供的基础接口、工具，就像水电煤这样的基础设施。"过去几年，基于这个模式，天虹如同在一块空地上，重新建构了小程序里面的超市、购物中心、综合服务业态。

最终，2019年，天虹与企业微信一起，发布了一套新的购百平台交易解决方案。在这套方案里，基于导购的人即服务模式、企业微信与微信的底层连接，导购可以通过企业微信，用顾客熟悉的生活形态直接与顾客沟通。顾客可以在他熟悉的微信里，与天虹的导购交流，不会受到过多的打扰，但他在需要服务的时候，可以第一时间在微信中找到天虹的导购。

"基本上，全中国所有大的零售同行都来交流学习过。最后，大家也发现，可能这就是终极解决方案。未来，可以把微信理解成一个超级大的购物中心，每一种商业形态都在里面，有一个自己的旗舰店，有一种跟顾客在那里交互的模式。"

围绕交易方式、顾客服务，天虹搭建了整套数字化架构，作为天虹数字化的统领，天虹小程序和 App 是天虹的会员中心、商品中心、营销中心、大数据中心和流量共享中心。

变革仍在持续。2021 年 1 月接受我们采访的时候，谭晓华说，天虹现在已经把线下业务的 60% 都搬到了线上的微信和小程序里。"到 2021 年年底，这一数字有望达到 90%，就算是儿童体验店，我也希望顾客可以在线上完成预约、支付等动作，之后再到店里体验。"

四大变化，带来"背水一战"

"超市的数字化转型已经走出来了，就看未来能不能走得更好；但在百货和购物中心这个领域，天虹还在探路的过程中。"谭晓华的焦虑持续了很多年。以前，她因为超市数字化转型焦虑；现在，她为百货、购物中心忧心。

天虹数科商业股份有限公司旗下既有超市、便利店，又有百货和购物中心。不同业态的数字化转型节奏、效果，差异巨大，同行们的选择也千奇百怪。比如在东北某省，全中国最好的百货企业之一，花了 40 亿元在室内造了一座山，然后在那座山上做了一个购物中心，生生造出了一个"封闭的场"吸引消费者、推动数字化尝试。

"企业做这件事情要花很多钱，一家公司从哪里能瞬间拿出几十亿元？这样的大手笔，不是每个传统的商家都投入得起的。"单笔投入虽然很多，但是站在企业数字化转型的角度看，更重要的是可复制性，"几十亿元还只是改造一个场，如果有 100 个场，要怎么办？"

天虹超市

相比超市，在零售业态中，百货商场、购物中心更重，涉及的管理环节、资源要素、产业链上下游各方，都要复杂得多，更别提顾客的消费行为管理了。也因此，无论前端（顾客触点）还是后端（供应链、服务体系），百货商场、购物中心需要做更多变革。

更紧迫的是，留给百货商场、购物中心变革的时间不多了。"昨天晚上我见运营总监，他对我说你怎么这么焦虑？我说，到路口了，以前大家都觉得前路迷茫，探索的过程可能会持续十年或者十几年。但是现在，可能只有一年了。"

"哪怕天虹已经走了七年，如果今年（访谈时间为2021年）不能背水一战，不能够向死而生地投入所有资源搏这一把的话，可能明年情况会更恶劣，会有大量顾客离场、大量商户撤场、大量地产空场。这一年走不过去，也就不能走过去了！"

时间紧、任务重，在天虹的这场变革里，不是一句套话，而是必须面对的现实。而这场变革的突破口,则是顾客。

"我觉得围绕着前端,只有一个点,就是顾客的需求、顾客的消费方式发生了变化。"天虹一直在思考切入点,顾客在哪里,店就要开在哪里。顾客都在哪里呢?现在,有超过12亿活跃用户,每天花4个小时在微信上。所以,店一定要开在顾客眼皮子底下,一定要用微信生态。

当然,微信只是一个表征。实际上,围绕前端,顾客的消费方式在四个维度上已经发生了极为明显的变化:第一,原来线上的购买量不足10%,现在这一比例已经超过50%;第二,原来只有少量年轻客群在线购买,现在是全客群在线购买;第三,原来只是在线购买标准产品,现在是在线购买全系列产品;第四,原来只有低单价的商品才会在线购买,现在动辄上万元的订单在线上都屡见不鲜。

这些变化是整场变革的起点,交易方式、顾客服务模式、供应链体系都要随之改变。

激活供应链,顾客早晚能感知到

不止一个朋友跟谭晓华说过,在其他超市买的蔬菜,放冰箱里两三天,叶子就开始变黄了,而天虹的菜放一个星期都没问题。秘诀何在?原来,天虹的超市菜品供应商跟某高端商超是同一家,是全深圳品质最好的,只是包装不同而已。当然,天虹的售价会更亲民一些。

有了最高品质的货源,天虹同时在供应链环节确保第一时间配送、上货,不让蔬菜的生命周期浪费一分钟,所以顾客的满意度就会非常高。

如果把蔬菜的生命周期算作10分，当它被摆上货架的时候，是处于3分这个阶段，还是处于7分这个阶段，肉眼是很难区分出来的。可拿回家往冰箱里一放，是骡子是马一看便知。

这件事情给谭晓华的启发是：天虹在供应链端做的任何改变，迟早都会被顾客感受到，而顾客的反馈又会倒逼天虹进一步优化供应链。

天虹正在做的一件事情，是预售。

其实，预售就是一个C2M（用户直连制造）的过程：零售商预售车厘子，顾客选择下单，零售商跟供应链下单，零售商研发规格、包装等。

第一年，顾客是看到车厘子才下单的。第二年，在车厘子上市之前，顾客就可以通过预售下单。车厘子可以这样做，其他货品，从生鲜到标品，都可以这样去做。

而能够这样做的前提，就是数据的实时性与共享性。

过去的三年中，天虹通过数字化，重构了1000多个流程。每一个数字化流程都不是线下的原样复刻，背后一定都重构和迭代了某些东西。在重构的过程中，看看哪些环节可以让工具替代人，哪些环节离不开人工介入。

天虹过往的供应商模式很不透明，甚至外面一度有谣传，要进入天虹的供应商序列，得找人认识老板，再塞钱才有机会。

为了解决这个痼疾，从两年前开始，天虹做了一个全透明、实时在线的全球供应链采购体系。任何一个供应商在有新品之后，直接在网上登记资料，系统自动匹配对应的采购人员。采购在固定时间段内必须处理，双方的每一条沟通记录都是透明的，并且可查可追溯。

刚开始使用这个系统的时候双方都很痛苦。采购人员痛苦，因为必须要实时跟进系统处理，一不留神漏了信息系统就会直接上报到上级。老板痛苦，因为他既要熟悉一个新系统，还必须在规定时间内处理完该处理的事情。谭晓华也痛苦，所有的矛头都指向她。

但运行了一段时间后，效果立竿见影。以前，一件新品从进入供应商库到最终上架，差不多得两个月。可现在，这个过程只需要8~10天。

有新品进来，就必然要有商品被淘汰。为什么要淘汰某种商品？是销量不好还是质量投诉，不管什么原因，一律在采购体系中公示。这样一来，供应商跟天虹的交互不再是原来点对点的不透明方式，而是通过信息流进行交互和传递。好的产品立刻上架，不好的产品很快下架，一清二楚、明明白白。

踏入新战场，自己才是自己的敌人

"以前，同行之间就像冤家，从来不交流。都是我这个店跟你那个店，比一下看看谁厉害。"而走到新的数字化战场，不仅天虹，所有同行都意识到，无论是天猫、京东、拼多多等电商平台，还是薇娅、李佳琦等网红主播，甚至是品牌自己建的各种各样的旗舰店，都不是他们真正的敌人。

那么真正的敌人是谁呢？是自己的传统思维和习惯。当空中的降维打击产生的分流远远大于实体门店之间的竞争时，要是某家实体企业探索出一个好的方式，大家都愿意去学习。最近几年，同行之间的交流变得前所未有地频繁，天虹现在每年都要接待四五十场同行来访、交流。

"以数字化为切入点，一点就会产生全局性的调整和变革。"走到今天，数字化已然不只是一种方法和工具，还是一套数字化的思维和习惯，也是打赢这场战斗的取胜之道。这也是灵智数科成立的初衷。

灵智数科是天虹股份投资的子公司，天虹是大股东，还有一部分为员工持股。之所以在2019年夏天成立灵智数科，是因为很多同行前来交流之后，主动邀请天虹数字化团队去帮助他们变革转型。

全球知名的国际保健美容零售商、拥有超1.6亿会员的屈臣氏会员系统，是灵智数科实施的。亚洲最大的百货零售企业之一日本永旺集团，也选择了跟灵智数科合作。为什么连行业的头部企业，都愿意借鉴天虹的方式呢？业态类似自不必多言，更重要的原因是，这套百货行业的解决方案是基于企业微信和小程序这样一套开放系统之上的。

在兼顾代理商、店总、店员、渠道商、顾客等方方面面利益相关方的情况下，不需要大伤筋骨改变玩法，只需要稍微调整一下即可，何乐而不为？

而成立灵智数科、进行技术输出的另外一层考虑，是想刺激自己人。如前所言，传统的思维和习惯才是自己最大的敌人，技术团队好不容易做了一个工具出来，大家总是不好好用。

如何激活组织、激活自己人？每当推出一个新工具，数字化经营中心都会明确告诉天虹员工：你有六个月的优先使用期，如果这六个月之内没有使用，或者没有用好，对面的竞争者就开始使用了，到时候人家用得好，"勿谓言之不预也"。

所以，谭晓华给自己和团队的定位是"技术和运营服务的妈妈桑"。既要提供好的工具，教会怎么使用这个工具，操心怎么让工具产生价值，还必须提升坪效、利润、销售、顾客黏性等终极指标。

看上去柔柔弱弱的谭晓华，使用了勇敢、战斗这样的字眼来描述天虹的转型感悟："负责企业转型的人，必须很勇敢，必须无欲则刚。你要是有任何欲望，要想获得所有人的肯定，那你就没法去战斗。而不战斗，是不可能转型成功的。"

注一　关于资料来源

天虹股份案例相关素材，分别来自 2021 年 1 月 22 日上午在深圳对天虹股份副总经理、数字化经营中心总经理谭晓华的专访以及现场走访，2021 年 3 月 29 日下午对腾讯智慧零售行业总经理何迪的电话专访。

注二　关于天虹股份

天虹股份（002419.SZ）成立于 1984 年，国有控股上市公司，2010 年上市，连续多年入围中国连锁百强企业。

天虹股份以百货、购物中心、超市、便利店四大业态，线上线下融合的数字化、体验式新零售，打造以"亲和、信赖、享受生活"为核心价值的品牌，旗下拥有"天虹""君尚""sp@ce""微喔"四大品牌。

截至 2021 年 9 月 1 日，天虹在北京、广东、福建、江西、湖南、江苏、浙江、四川 8 省（直辖市）33 市，共经营购物百货 97 家（购物中心 31 家）、超市 118 家、便利店 209 家。

第二章

国潮崛起
激活品牌成长的"力场"

开 篇

商学院的经典教程，甚至考试中，经常会引用可口可乐前董事长伍德鲁夫的一句名言："假如我的工厂被大火毁灭，假如遭遇世界金融风暴，但只要有可口可乐的品牌，第二天我将重新站起。"教科书中说，这句话揭示了"品牌，也即信誉形象，是企业的无形资产，具有较强的竞争力"。

改革开放 40 多年来，中国制造往往给人一种低端印象，哪怕同一个工厂生产的产品，贴个国际品牌，价格上涨数百倍是常见的事情。这背后，除了设计、知识产权等方面的问题，品牌是绕不开的话题：品牌印象太过低端，设计、研发等方面的努力很难在短时间内见到成效，最终在高投入、无产出的压力下，企业不得不陷入恶性循环。

为了解决中国品牌走向中高端，与国际品牌竞争的问题，无数业者进行了数十年的努力，比如李宁。2008 年北京奥运会，李宁作为奥运会赞助商，坚信凭借奥运会，李宁品牌可以从中国走向世界，李宁本人更是以"飞人"的姿势，飞越奥运会主会场，点亮主火炬，一时之间，风光无两。参考此前美国、日本、韩国的经验，所有人都认为，李宁成为世界品牌指日可待。

然而，历史从来不可预测，事情没有沿着预想的路径往前走。

奥运会之后，2010年，在李宁品牌创立20周年之际，李宁公司推出了"品牌重塑战略"；6月30日，李宁公司发布了全新的标识，以及更加年轻化的广告语"Make the change"（让改变发生）。李宁公司期待，此举能有效改变其实际消费人群主要分布在35~40岁的困境。可惜，李宁迫切要抓住的80后，并没有让改变发生。

2010年，李宁营收达到94.79亿元，零售店铺数量达到7915家，相比2007年的43.49亿元、5233家，增长分别超过100%、50%。不过，到了2011年，营收数字跌至89亿元，随后一路下行，到2014年已经跌至58亿元。相对应的，店铺数量也从2011年的8255家，急速下跌至2014年的5626家。经营利润更是从2010年的13亿元一路下行，到2012年亏损19.55亿元，2014年亏损7.44亿元。自那之后，李宁陷入了"盲目扩张""库存积压""年轻化战略失败"的质疑之中。

2015年，创始人李宁重回一线，宣传语改回"一切皆有可能"，定位也从传统装备商转型为"互联网+运动生活服务提供商"，全面拥抱线上、拥抱互联网、拥抱数字化。李宁与腾讯智慧零售合作打造的"商圈评级体系"，通过用户圈层分析，为李宁提供选址决策依据。大数据帮助李宁优化了门店的位置，更重要的，是给产品设计提供了极为精准的数据参考。

牵一发而动全身的变革，迅速激活了企业内生的变革力量，线上单店销售创纪录、YOUNG品牌重塑、运动时尚概念持续推出。到2018年，"中国李宁"概念推出，一场出口转内销的纽约时尚秀场，因为B站、微信朋友圈的持续引爆，瞬间让李宁站上了引领"国潮"的浪潮之巅。

到2018年7月，推出"驭帅XII"敦煌主题款篮球鞋，李宁品牌与Z世代的精神连接全面激活，品牌重新生长。2019年，李宁的营收达到138.70亿元人民币，较2018年上升32.0%。2020年在新冠肺炎疫情影响下，营收依然实现了增长，较2019年同期上升4.2%。

以"Make the change"错过了80后人群的李宁，却以"国潮"在Z世代人群中重新激活、引爆，品牌成长实现了二次腾飞。如何抓住Z世代人群、实现品牌快速腾飞，也成为"显学"。

2020年，经受新冠肺炎疫情考验的中国，经济总量突破百万亿元大关，人均GDP连续两年超过1万美元，是全球主要经济体中唯一实现正增长的国家，各大投资机构纷纷发布报告，预测"银发经济""单身经济""内循环下的大消费""Z世代兴起"成为新的风口。

这当中，"Z世代"特点明显。所谓"Z世代"，是指1995年到2009年出生的人。2021年5月11日，第七次全国人口普查数据出炉，Z世代人数超过2.6亿，占中国总人口的18.5%。

1995年正是互联网导入的起点，他们慢慢长大的那些年正是互联网的蓬勃发育期，也是中国在世界经济舞台上的飞跃期，他们由此对自己的国家充满自信。对以Z世代为代表的年轻消费者来说，他们更能"平视世界"，消费倾向也更加乐观积极，构成了中国消费升级的澎湃动力。

过去几年，汉服成为时尚、600岁的故宫成为网红，中国元素的国货、国潮，从此前的"二次元"、主流视野之外，涌入社会流行大潮之中。"国潮"李宁在短短几年内重塑、腾飞，并非这股浪潮中的个案——短短几年内实现品牌快速成长的例子，我们还采访了完美日记、奈雪的茶。

完美日记母公司逸仙电商，创立于2016年，2017年推出完美日记。四年时间里，其实现了传统品牌需要十余年才能完成的创立、扩张、腾飞，塑造成了比肩国际化妆品牌的"顶流"。根源在哪里？在于读懂了中国新消费群体的偏好，改变了传统的产品研发逻辑。

根据18~28岁中国年轻女性的痛点和需求，借助小程序、微信直播、微信群等数字化手段，完美日记实现了反向推动产品研发：与《中国国家地理》杂志推出联名款眼影盘，与大都会艺术博物馆推出联名款口红等产品……

完美日记与《中国国家地理》联名眼影

"这些高度匹配年轻消费者口味的原创产品，还没上线就注定要成为爆款。"完美日记的联合创始人是三个理工科"直男"，他们的自信并非来自经验，而是来自数据。在C2B的逻辑中，需求本来就是由用户提出的，只要产品能够切中用户的关注点，成为爆款并不断复购，水到渠成。

奈雪的茶，创立于 2015 年，其品牌愿景是成为中国茶文化走向世界的创新者和推动者。其创始人彭心认为，体验包括线下和线上两部分，线下体验的核心是门店，线上体验则要借助微信小程序等数字化工具。

原生于互联网的完美日记、奈雪的茶，与努力进行数字化转型的李宁，无不在昭示：以用户端（消费端）与行业端连接为起点，以产业增量为动力，将数字化的服务与数字化的场景有机结合，这一 C2B 模式是产业互联网的关键路径，更是有效缩短品牌孵化周期的关键力量。

在工具层面，C2B 指的是通过互联网技术和工具，实现消费者和企业跨越线上线下、跨越时间、跨越场景的连接。

在产业链层面，C2B 把消费者变成企业生产体系的一部分。通过即时的连接和大数据分析，消费者成为企业的"质检官"、产品选款的"买手"，以用户行为倒推生产过程。

在思维层面，C2B 是一种以用户价值为出发点的思考方式。

以李宁、完美日记、奈雪的茶等国货风潮为代表，一个深度个性化的消费时代正在到来，兴趣优先、注重体验，更强调消费者个体价值的展现。

数字化技术让快消品牌与"私域流量"直连成为可能。

例如，2019 年 7 月，香飘飘旗下 Meco 果汁茶与《王者荣耀》联合推出"无限王者团"限量联名款。当月，Meco 果汁茶的复购人数实现环比增长 200 倍。这一创新模式也被泸州老窖、蒙牛、东鹏特饮等快消、酒水品牌所借鉴。

这些生动的实践证明，数字化助力消费升级，助力"品牌快速成长"正在成为现实。

英国历史学家麦考莱（Macaulay）说："一个浪头也许很快会平息，然而潮流永远不会停止。"数字化助力消费升级，消费升级带动产业升级，让中国经济生生不息。

完美日记
互联网基因重塑化妆品产业

2016年，三个直男创办了一家美妆公司，因为三人都是中山大学岭南学院毕业的，所以"斗胆"给公司起了个名字叫作"逸仙电商"（孙中山，又号"逸仙"）。

2020年11月19日，这家成立仅四年的公司成功登陆纽交所，股票代码"YSG"，成为美股"中国美妆集团第一股"。

完美日记母公司逸仙电商登陆纳斯达克

诞生在广州天河区一座老旧写字楼中的逸仙电商，2017年才推出第一个品牌"完美日记"（Perfect Diary），三个直男开发起了女性产品，几乎所有美妆品牌努力往线上走的时候，它却逆行转战线下。2019年1月开出第一家线下店，到2021年6月底线下店已超过270家。

"我们希望，为中国乃至全球消费者，创造一个令人兴奋的探索美的新旅程。或者说，我们希望打造一个互联网时代的新的美妆纪。"陈宇文说。2021年3月11日，在曾参与打造完美日记品牌的广州逸仙电子商务有限公司联合创始人、原COO（首席运营官）陈宇文接受我们专访的当天晚上，逸仙电商发布了上市后首份第四季度财报，次月又发布了2020年财报。

财报显示，2020年第四季度，逸仙电商营收19.6亿元，同比增长71.7%。2020年全年净收入总额52.3亿元，同比增长72.6%。全年营收从2018年的7亿元到2019年的33.8亿元，再到2020年的52.3亿元，多渠道、多品牌拓宽赛道的逸仙电商，正向着成为"新时代的美妆新品牌孵化平台"的战略目标迈进。

完美日记品牌如何激活、飞跃？逸仙电商又为何如此特立独行？事实上，在这背后，有三个非常深刻的洞察。这些洞察，帮助完美日记画出了一条完美轨迹。

有互联网基因的化妆品公司

"经常有人开玩笑说，化妆品不应该在白云区吗？为什么在海珠区？其实我们是有互联网基因的，所以在海珠区这边也正常，琶洲人工智能与数字经济试验区就在公司附近。"陈宇文说，"大家确实经常把完美日记和奈雪的茶、元气森林等一起列为新消费品类。"

确实,逸仙电商的基因更贴近互联网,而非化妆品。

陈宇文在广发证券工作了5年,2012年开始涉足服装电商。他的两个合伙人黄锦峰、吕建华,都是他的同学。黄锦峰、陈宇文是中山大学岭南(大学)学院同级同学。黄锦峰的第一份工作在宝洁,后来到哈佛商学院读了MBA(工商管理硕士),毕业后进入长沙的国产护肤品牌御泥坊担任副总裁,积累了丰富的行业经验。吕建华是比黄锦峰、陈宇文低两届的师弟,也一直在做服装电商。

当时还是电商刚起步的阶段,三位早就熟识的校友经常一起讨论运营心得。当时正是"大众创业、万众创新"最热闹的阶段,三人一商量,干脆自己创业吧!

"2016年中国彩妆市场渗透率特别低,只有25%左右。也就是说,四个女孩里只有一个化妆,而且这个人还不是天天化妆。"陈宇文说,经过大量市场调研,三人发现:在国外成熟市场,护肤品和彩妆是1:1的比例,但在中国,这个比例却是9:1,美妆品牌数量和占比大大不足;在产品属性上,单价更低、花样更多的彩妆,比护肤品牌更容易吸引年轻消费者。

"女性喜欢颜值高、价格低的化妆品,美妆是中国的蓝海市场。"这第一个核心洞察,是黄锦峰、陈宇文和吕建华三个联合创始人,假装给女朋友买化妆品,长时间在国际大牌化妆品柜台"泡"出来的,也正是基于这个思考,"我们第一个品牌上来以后,目标非常精细,就是小白用户,从不用到用!"

2017年4月,逸仙电商首个彩妆品牌完美日记诞生,第一款产品是黑盖散粉。推出品牌和产品后,刚开始比较慢,团队一度陷入困境。到了2018年,有团队小伙伴发现了小红书这个渠道,很多人在上面种草，效果不错。当时整个团队只有40多人，却派遣了超过20人，All in（全部押进）小红书。

"这一波，我们赌对了。"陈宇文说，随着小红书起量，逸仙电商第一个品牌"完美日记"迅速激活、爆发。

事后复盘时，陈宇文没有从化妆品角度思考成功的要素，而是从互联网角度给出了解释。

"2015年、2016年我们做了大量调研，以及对行业的分析和判断。"陈宇文说，他们三个创始人在2015年就开始想产业互联网这个事情，而且，当时整个市场环境两极分化：一方面，早期的电商风口已经过去，很多人看衰电商的未来；另一方面，无论投资人还是行业都不太看消费品，只看互联网。

然而，调研之后，他们给出了不同的判断："我们认为，在2015年，支付、物流、交易，这些中国互联网的基础设施刚刚搭建完，电商不可能就这么结束，下半场应该才刚刚开始，只不过需要再加上云和大数据！"

正是有了云、大数据，才改变了下半场的玩法。

"早期电商玩家，享受的是互联网红利。"陈宇文说，上半场更多的是红利期，因为大量的互联网人口从不上网到上网，从不用到用的过程，用雷军的话说叫作"风口的猪都能飞"。但下半场，过了红利期之后，就要比拼视野格局、企业机制、团队架构、人才构成等真本事了，"没有高速公路的时候，性能很好的汽车，说不定还不如拖拉机跑得快。等修好了高速公路，性能越好的汽车，自然跑得越快"。

除了互联网角度的理由，另一个则是"数据"判断代替喜好、直觉判断。

"同性来做的时候，经常带入个人观点的判断。比如，让两位小姐姐来做产品，她们一定会有自己的喜好，因为她们是使用者，她们觉得这个东西很好，自己很喜欢。但是，我们按理工科思维看大数据，会最大限度规避个人好恶。"陈宇文说，三个创始人都是美妆的深度用户，"我们应该比全中国99%的女生，都更了解这些产品。"

这种思维方式，让真格基金创始人徐小平在投资逸仙电商的时候，直接给出了评语："这是三个直男创办的美妆公司。"

从那之后，这个鲜明的标签就打在了逸仙电商身上。

将文化基因、流量玩法植入品牌创造

与《中国国家地理》杂志合作推出联名款眼影盘，与中国航天合作推出联名款"玉兔盘"，与Discovery探索频道合作推出联名款"探险家十二色眼影"系列，与大都会艺术博物馆合作推出联名款口红……看热闹的人，会觉得完美日记很擅长营销。

不过，在行业内的人看来，完美日记一直在致力于解决中国品牌面临的核心问题：中国品牌的原创性难题。

"以前都说消费者崇洋媚外，我觉得不能怪消费者，一大部分得怪我们的企业，一直没有解决好原创性问题。"陈宇文说，"我们一上来，就旗帜鲜明地做原创。不仅做原创，而且能够把中国元素甚至全球元素，都变成消费者非常喜爱的东西。让消费者记住，中国品牌一样可以做好原创。"

原创，必须围绕目标群体展开。完美日记的目标用户是18~28岁的年轻女性。审美是非数据驱动的，但用户需要什么、她们的痛点是什么、产品要解决什么问题，大数据可以给出非常清晰的答案。

就像互联网公司长期在做的 AB 测试，当结果显示 70% 的人选择 A 的时候，只要把 A 给开发出来，就已经是一个爆款了，复购是自然而然的事情。陈宇文说："需求本来就是用户提出的，我们的产品帮助用户解决了问题和痛点，她一定会不断使用。"

三个联合创始人认真研究过全球美妆市场，他们发现，在人均 GDP 超过 1 万美元的经济体中，一定是本土美妆品牌占有大部分市场份额，除了中国市场。

"我们推演过，一定是本国的创始人、创业团队和品牌，更了解本国消费者，这是一个必然结果。中国市场也不会例外。"陈宇文说，"15 年前读大学的时候，我觉得诺基亚被波导打败是不可能的事情，中国手机品牌绝对不可能干过三星和诺基亚。但今天看来，这样的故事一定会发生，会不断地在中国各个消费品领域发生，包括美妆市场。"

"微信有哪些流量玩法，会不会第一时间接入视频号，企业微信和微信之间有什么区别……与国际巨头相比，在这些方面，我们拥有巨大优势。"同时，在本土市场站稳脚跟之后，中国品牌一定会走向全世界，而参与全球竞争需要原创性国货品牌。陈宇文跟周围很多做品牌的朋友聊过，大家的一致判断是，未来十年，中国品牌会在各个类目上，与国际巨头展开全球竞争。

"我们非常确定，我们是一个国货品牌，但我们从来不打民族牌。国货品牌做得不好，消费者自然不会选你。完全没有必要绑架用户、绑架消费者。"陈宇文说，逸仙电商之所以选择在纽交所挂牌上市，正是为了利用全球性的能力和资源，做好参与全球竞争的充分准备。

线上线下有机融合

云计算、大数据带来的线上优势持续发力之后，2019年，逸仙电商突然掉头向下，这一度令行业内的人大跌眼镜：那段时间，其他各家纷纷试水线上。

实际上，不只是化妆品行业，其他行业同样存在类似的博弈。例如，雷军和董明珠打1亿元的赌局，一度非常夺人眼球，这背后是在长达十余年时间里，互联网和传统行业互相敌对的状态。

不过，到O2O（online to offline，在线离线、线上线下）概念风靡的时候，一些人开始意识到一个问题：没有传统行业支撑的互联网，很容易成为无本之木；没有互联网助力的传统行业，很难进一步提升自己。

陈宇文就是其中之一。

"对用户来讲，线上和线下是不同的场景、不同的服务、不同的体验。线上线下必须有机结合，这就是我们开实体店的原因。"陈宇文介绍，完美日记在发展过程中发现，线下有一些优势是线上永远没法取代的，比如说触感这个事情，线上再怎样也解决不了；再比如，人与人之间的交互，哪怕现在有了直播，数字层面和用户反馈也达不到线下的效果。

基于这种考量，逸仙电商快速向线下拓展，2019年1月开出第一家完美日记线下体验店。截至2021年6月30日，其已在中国100多个城市拥有超过270家线下店。

"我们相信，线上线下结合可以进一步提升客户的购物体验，第一时间获取客户对产品的反馈，帮助公司更好地与客户互动，并促使客户与品牌建立更深厚紧密的联系。"陈宇文认为，不管从线下到

完美日记线下门店

线上,还是从线上到线下,背后的真正原因都是商业模式的改变。

"以前的商业模式,是B2B2C(从企业到企业到消费者),现在则是B2C(从企业到消费者),把所有中间环节去掉,品牌直接面对消费者。"陈宇文说。

这种改变,至少导致了两个重大变化。

首先,产品的研发逻辑变了。

之前研发新产品,提前找第三方公司调研,然后立项、研发、测试、推广,整个周期差不多需要两年。但其实,这两年里,用户需求已经发生了巨大变化,而品牌却无法感知。完美日记的研发,是直接根据消费者需求来的。

截至2021年3月,逸仙电商旗下所有品牌,其官方账户粉丝数量已超4800万。这些粉丝不断与亲密的美妆顾问"小完子"互动,在某种程度上，这已经不是品牌要研发新产品，而是消费者倒推品牌去研发新产品。

其次，触达消费者的方式变了。

宝洁有一个非常经典的问题，如何不让50%的营销预算浪费？问题的核心，是传统品牌没法有效触达消费者。比如，传统品牌委托第三方公司进行的大型调研，覆盖3000份样本，耗时4~6个月，是非常正常的。

而完美日记做同样深度的调研只需要几天时间。为什么？因为完美日记掌握了用户，有时候甚至只是通过日常的数据分析、标签体系，就能够感知消费者变化。

完美日记每年会做几百次大型问卷或者调研，这在原来的模式之下是不可想象的，只有真正跟消费者深度融合才能做到。

"消费互联网时代积累的数据，可以提供颗粒度非常精细的用户画像，在这个意义上，不让50%的营销预算浪费是完全能够实现的。"陈宇文认为，关键问题仍然在于，传统品牌能否与消费者建立有效、实时、深入的连接。

"桌面竞争时代"已经结束

除了逆势向线下，另一个不可思议的点是，以线上起家的完美日记，至今没有自己单独的App。背后的原因，在陈宇文看来很简单："桌面竞争的时代已经结束了。"

实际上，中国互联网行业走的是一条跨越式发展的道路。PC（个人电脑）时代，中国是在追随，但到了移动互联网阶段，中国实现反超。这导致国际品牌多少有些"水土不服"。国外消费品，1/3

来自官网销售，这是品牌的自有渠道，属于典型的 PC 时代的打法。

但在中国市场上，移动互联网是从第三方平台开始启动的，单一品牌很难用第三方平台争夺用户的桌面。所以，一个很有意思的现象发生了：国外消费者买耐克新品，不是上亚马逊买，而是去耐克官网购买；但中国消费者要买新品，第一反应一定是去淘宝、天猫、京东等平台，而不是去品牌 App。

单一品牌 App 由此成为"鸡肋"：表面上看，有了属于自己的渠道，但实际上，开发成本高、维护周期长、获客难度大、客户留存低、销售转化难。

那么，完美日记的 4800 多万忠诚用户在哪里？在小程序上，在社群里，在直播中。

完美日记几乎把小程序用到了极致：有完美日记品牌店的小程序，有完美日记会员商城的小程序，有完美日记旗舰店的小程序，还有完美日记微商城的小程序；每个小程序都有自定义的 UI（user interface，用户界面）、自定义的各种功能，可以进行社交传播，也可以进行趣味互动。

同时，社群已经成为完美日记的"私域流量池"。流量主要通过微信群、生成海报分享到朋友圈、小程序等途径引入。此外，完美日记还打造了"小完子"这个 IP（intellectual property，此处指拥有知识产权的形象），来进行社群运营。平时，"小完子"喜欢给大家带来一些美妆的技巧，以及分享好用的产品；面对新人，"小完子"还会经常分发优惠券，进行转化。

此外，完美日记还是首批接入直播小程序的品牌。在完美日记的不断推动下，微信完善了直播小程序。结果，刚测试完一个月，遇到突如其来的新冠肺炎疫情，直播小程序意外迎来了爆发式增长。

"为什么我们能成为第一个做微信直播的品牌？"陈宇文自问自答，"因为我们知道直播的价值在哪里，因为我们脑子里一直在想用户，因为我们一直在连接点上探索用户需求。"

微信小程序直播

2020年6月8日，逸仙电商正式推出新品牌"完子心选"（Abby's Choice）。不同于完美日记彩妆品牌的定位，完子心选覆盖了护肤、彩妆和个护等不同品类。

完子心选采用了C2B（消费者到企业）模式，通过大数据以及线下活动等方式，收集消费者护肤、化妆等方面的需求，根据消费者痛点和需求，反向推动产品研发。

"我的手机微信里，差不多有1000个好友都是我们的用户，这是过去几年时间里积累下来的。我们会互动和交流，找到消费者和顾客对于产品的需求。"这种直接面向C端，真实地跟消费者沟通和互动的方法虽然有点"笨"，但却有效弥补了大数据的"冷冰冰"。

品牌快速激活、崛起，正在给逸仙电商更多新的可能。面对这种态势，逸仙电商进行了快速的国际化尝试：2020年11月，逸仙电商正式收购法国Pierre Fabre集团旗下高端美妆品牌Galénic（科兰黎）；2021年3月，逸仙电商宣布收购国际护肤品牌Eve Lom（伊芙兰）。

"随着中国市场的成熟，行业竞争将会加剧，集团化作战将会是主要竞争形态，逸仙电商希望通过多品牌发展战略打造一个美妆集团。"陈宇文说，"进入美妆赛道之初，逸仙电商的创始团队就认为，中国将会是全球最大的美妆消费品市场。"

小结

完美日记这样的新消费品牌，依托的是日臻完善的中国新型基础设施——移动支付、云、大数据、物流配送和代工厂网络，同时它们善于利用微信等互联网生态，快速获得用户。这是它们成功的主要原因。

新的基础设施为新一代创业者提供了快速成长的机会。过去人们总认为，建立一个品牌需要很长时间，但在创业者眼中，没有工厂不要紧，找为国际大牌代工的工厂就可以了，关键是赢得消费者心智。他们往往选择一个长尾品类，通过社交化的营销创新，集中力量在该品类上做到全网第一，吸引注意力，然后再逐步扩展产品线。

新品牌的创新路径可以归结为：创"心"（新消费者群体的心智）为先，以"网"为本，再反向整合供应链。

而腾讯的智慧零售，是几乎所有新消费品牌的亲密伙伴，在私域流量触点（包括线上触点、线下触点、社交触点）、私域转化工具完善（包括在哪儿卖、卖更多、放心卖三个阶段）、企业架构及团队能力提升（包括架构明确和知识培养）等方面给它们助力。

当超级平台成为新消费品牌的推手，就会上演一飞冲天的奇迹。当然，从新品牌到长青品牌，还会遇到新的挑战。

注一 关于资料来源

完美日记相关案例素材，来自2021年3月11日下午在广州保利中悦广场对逸仙电商原联合创始人、时任COO陈宇文（现因健康及个人原因已离开逸仙电商，仍保留顾问身份）的专访及现场走访，对腾讯智慧零售垂直行业生态总经理李洋的专访。

注二　关于完美日记

逸仙电商创立于 2016 年，三位联合创始人是中山大学的本科同学，为纪念母校情谊，将公司冠以中山先生之号"逸仙"。

目前，逸仙电商旗下拥有完美日记（Perfect Diary）、小奥汀（Little Ondine）、完子心选（Abby's Choice）、法国科兰黎（Galénic）、DR. WU 达尔肤（中国大陆地区业务）、Eve Lom、皮可熊（Pink Bear）等高成长性的彩妆及护肤品牌，构建起美妆多品牌矩阵。

2020 年 11 月 19 日，逸仙电商正式在纽交所挂牌上市，股票代码"YSG"。

奈雪的茶
霸气玉油柑里的爆款方法论

"做产品,既要非常感性的感觉,又要理性的测试,所以虽然很多创意很有意思,但是很多时候就是在不停地做测试。"2015年,奈雪的茶创始人彭心刚开始进入这个行业,对茶这件事也是学习的阶段,当天就喝吐了。

"茶叶供应商都说不做我们的生意了。"彭心发现,一杯水果茶要好喝,最重要的不是水果,而是茶的匹配,如果既想要前端有香气、中间有饱满感、又想要后劲悠长,单一一款茶很难做到,就像好喝的拿铁,需要很多种咖啡豆匹配,"我们喝了全国各地的茶叶、不同的品种,做了各种组合搭配一起,有一天从早上9点一直喝到了晚上11点,最后才找到一个非常好的方向。"

沿着这个方向,在每年春天的茶叶新产季之后,又持续迭代了三年,彭心才坚信,自己找到了做"爆款产品"的方法。在彭心看来,中国茶文化源远流长,奶茶、抹茶、水果茶等不同饮用方式,早已在中国人的生活中出现过,"奈雪的茶今天在做的,不是一个开创性的品类,我们只是在不断探索茶的饮用方式,探索适合当代人消费习惯的、更加便利、更加时尚的饮茶方式。"

这也正是奈雪的茶的品牌愿景:成为中国茶文化走向世界的创新者和推动者。

奈雪的茶 PRO 门店

2021年5月21日是第二个"国际茶日"。"国际茶日"于2019年11月27日第74届联合国大会上宣布设立，时间为每年5月21日，以赞美茶叶对经济、社会和文化的价值。这是以中国为主的产茶国家首次成功推动设立的农业领域国际性节日。

在这一天，由奈雪的茶牵头发布的新式茶饮行业首个具体产品标准——《茶类饮料系列团体标准》正式发布。首批新式茶饮产品类标准制定，新式茶饮包含现制奶茶、现制奶盖茶、现制水果茶、现制气泡茶和现制冷泡茶五类。

彭心说，制定标准的想法在两三年前就有了，主要是基于两方面的考虑，"一方面，奈雪的茶创立的时候，整个行业还是以奶精制作的珍珠奶茶为主要产品。我们希望我们的产品一定要健康，所以就去寻找茶叶、水果等新鲜食材。寻找的过程中发现，这个行业缺乏标准"。

"另一方面，我们制定这个标准，出发点是想做好内部品控和管理。在推进这个事情的过程中，很多老师也提醒我们说，一旦把这个标准做出来，并且向社会公开，会反过来成为外界监督甚至挑剔我们的依据。最终决定继续做这件事，是因为我们可以以此为准绳，与上下游合作伙伴共同推动行业健康发展。"

从推出爆款产品、品类到推动制定行业标准，再到向全社会公开，短短数年，以茶为载体，"奈雪的茶"作为一个新兴消费品牌快速激活、崛起。2021年6月30日，奈雪的茶作为"新式茶饮第一股"正式在港交所挂牌上市，开盘总市值超过300亿港元。

品牌激活背后，隐藏着什么密码？

"三代茶饮"解决"四大问题"

彭心喜欢喝茶，也喜欢研究茶。在2015年之前，她就将中国茶的千年文化研究了一遍，还研究了国外茶饮方式，包括流行的欧式奶茶、日本抹茶。在她看来，这些国外的茶饮方式，其实都与中国有关。

"说奶茶是欧式茶、抹茶是日式茶，我非常不认同！"彭心认为，奶茶在欧洲流行是因为英国人访问广州，被当地人用奶茶来招待；抹茶在日本的流行就更清晰了，就是从宋朝传到日本的，"中国人的饮茶文化，并非一成不变的。今天茶行业的专家都觉得传统冲泡的茶才是中国茶，但是中国茶从历史到今天，饮茶方式是不停变换的。唐朝时候，各种各样的东西组合在一起，到了宋朝出现打磨茶，到了明清才开始喝冲泡的茶。"

这给了彭心创新的信心："我们并不是一个开创性的品类，只是不断寻找茶的饮用方式，寻找让当代人更喜欢，感觉更便利、更时尚的饮用茶。所以在我们门店，既有热的冲泡茶，也有冷茶，还有水果茶、鲜奶茶。"

这种不拘一格的认知，让彭心在规划奈雪的茶品牌定位和调性时，彻底超脱出了此前束缚行业演化的代际模式。

对于现代茶饮行业，彭心认为，至少可以分为三代。

第一代产品和品牌，最早可以追溯到1987年台湾地区春水堂的珍珠奶茶，从那时直到今天，Coco、一点点等品牌，以比较小的档口做比较传统的产品，售价在5~8元。

第二代产品和品牌，以2006年前后创立的贡茶、皇茶为代表，把门店开进了购物中心，整个品牌的调性非常清晰，门店面积在20~50平方米范围，产品售价在15元上下。

"贡茶、皇茶已经让消费者有品牌的印象了，但消费人群比较低龄，商务人群和白领群体以及家庭人群很少消费。从这些现状出发，我们进一步发现了茶饮行业在商业端和消费端的两大痛点。"彭心说。

在商业端，奶茶品牌从来拿不到最好的商业资源，购物中心给奶茶店的房租高得吓人，位置又差面积又小。不管购物中心还是写字楼，最好的位置永远是留给咖啡馆的，这也导致奶茶店只能越做越下沉，往往陷入拼命省成本、保证不了品质的死循环。

在消费端，随着消费珍珠奶茶的低龄人群慢慢长大，他们会更加重视健康问题，从而减少对茶饮的消费。与此同时，奶茶店的消费场景与社会主流群体是脱节的，没有人愿意约重要的商业伙伴到奶茶店谈事情，因为那会被认为不尊重对方。

正是基于对这些痛点的洞察，以2012年创立的喜茶、2015年创立的奈雪的茶为代表的第三代产品和品牌，先后涌现。

彭心认为，第三代产品和品牌至少解决了前两代产品和品牌存在的四方面问题。

首先，塑造了一个全新的茶饮品牌，品牌是高标准、高品质的，是符合时尚潮流的，是匹配社会主流消费人群的。

其次，必须做出健康的、可持续的、有体验感的全新产品，只有这样才能真正打动消费者，推动消费者的复购，进而让其成为消费者每天都愿意消费的产品。

再次，坚持把门店打造成消费者的社交空间，所以无论在门店选址还是空间设计等方面，都有非常高的要求：一定要开在最好的位置，一定要有设计感，一定要让消费者感觉舒适。

最后，要把服务做好。传统的茶饮店不太在意服务这件事情，但对塑造品牌而言，服务是传递品牌调性的重要手段。

为了做到这四点，在正式创立奈雪的茶之前，彭心带着几个小伙伴，从2014年4月筹划，到2015年5月先开出了一家试验店，每天不断调试产品，然后把这些产品拿给广场上来来往往的行人品尝。

怎么判断是不是好产品？标准只有一条。不是人家试了之后说，你这个东西挺好喝的，而是他喝完之后就会问："你们店在哪儿？我要去门店买单。"

正是凭借这种极致追求，新茶饮从产品、品牌、与消费者的关系等方面，重新定义了这个行业。奈雪的茶开出第一家线下门店之后，几乎成为"行业的样板间"，同行们纷纷前来参访学习。

"两个标准化"与"茶品牌生活化"

"中国茶饮品牌面临的问题，其实是在这个时代，如何能跟现代人的生活方式紧密互动、连接。"除了产品品质问题，彭心对茶饮品牌有更深的思考。她举了个例子，当你问身边的人，世界上出产咖啡豆最多的国家是哪个，大家会给出不同的答案，然而，当你问到咖啡的时候，大家都会想到的是星巴克、美国。

这个问题是她在与茶行业专家互动的时候提出的，也是她对当前中国茶饮行业、茶饮品牌面临问题的终极思考："我们今天要做的，其实是一个能融入大家生活方式的茶饮品牌，然后用各种各样的茶作为载体，与他们互动，让茶成为日常生活的一部分。"

从这个点出发，彭心发现，她需要从茶饮行业最基础的层面入手，来扭转行业自身从业者和消费者的看法："当时研发产品的时候，我们只有一个想法，就是健康的消费品才会有可持续性。然而，我们在去寻找新鲜食材、茶叶做产品的时候，发现其实这个行业是没什么标准的。"

这就是2015年，奈雪的茶起步阶段的状况。"我们想做内部的品控和管理，在自己内部做好管理标准，基于此，跟上游伙伴做好沟通。"彭心带着这种想法与协会、学院的专家沟通，专家们的反馈是，如果做成标准，那肯定就是要公开的，肯定会被别人看到。

"我们觉得这没什么问题，更重要的是，标准出来之后，可以更好地做内部管理，也让上下游伙伴都基于这个标准前行。"彭心与奈雪的茶基于这种思考，与茶行业专家、食品行业专家、标准行业专家进行了深度互动，从2015年、2016年前后，聚焦于产品和空间体验创新、标准化，到2017年、2018年前后，构建不同品牌、推进区域扩张，对供应链有了更高要求，进一步强化供应链体系的标准化。

最终，从2019年开始，随着线上线下一体化的趋势日益明朗，第三代品牌完成全国布局，对内部管理、供应链管理、消费者管理有了更高的要求，整个行业进入科技创新阶段，"品牌融入消费者生活"的初衷也进入了实实在在的践行阶段。

"我们已经有四五百家门店，近 1 万个合作伙伴，很多管理就不能全靠人去做，需要将科技手段融入我们的管理中。"彭心说。正是在这个背景下，2020 年 5 月底，瑞幸咖啡原首席技术官何刚加盟奈雪的茶，担任 CTO，奈雪的茶全面开启数字化转型。

接受我们采访的时候，何刚刚刚度过了他在奈雪的茶的第一年。一年间，何刚在奈雪的茶做的最重要的事情，就是将数据打通。

2020 年夏天之前，奈雪的茶的管理主要依赖第三方系统提供商提供的各种模块。由于不同模块是不同供应商提供的，所以存在很多问题，比如很多环节没有覆盖到。以新员工入职为例，需要填写大量表格，光是办理入职流程，一个上午都完不成。

同时，不同模块之间是孤立的。比如发放促销卡券的模块是这个供应商提供的，订单系统是另外一个供应商提供的，结果发放的促销卡券没法跟最终的订单关联起来，从而难以评估促销效果。

何刚组建了新茶饮行业规模巨大的技术团队，从互联网大厂招聘了近 200 个人，目前除了财务系统，其他流程已经打通。现在奈雪的茶，已经切实将数据转化为新的生产要素。

比如，在内部流程管理方面，以前更新商品菜单的时候，门店大屏幕上的菜单需要用 U 盘从电脑里拷贝上去，而不同电商平台上的菜单也要逐一更新。费时费力不说，还经常出错。现在，借助不同接口将分散的平台打通，并统一将数据保存在云端，不同平台可以一键更新菜单，极大地提升了效率。

比如，在供应链管理方面，从源头的原材料采购到门店的物料配送，再到产品生产，不同环节已全部实现数字化。根据过去一周以及过去一个月的销售数据，模型会测算某家门店一天需要制作多少种面包，需要多少斤杨梅，需要多少人上班，并倒推配送和采购环节。这一方面降低了人力成本，另一方面保证了供需平衡。

比如，在消费者管理方面，奈雪的茶会通过不同渠道反馈的数据增进对消费者的理解，从而迭代产品。消费者在微信小程序里的反馈、在外卖平台上的反馈、在大众点评上的反馈，都会在经过整理后提供给产品研发团队，帮助他们快速调整判断。

爆品背后隐藏的品牌激活"三大秘诀"

"品牌是要靠经典产品活着的，可口可乐能在瓶装饮料大战中持续生存，就是一个典型例证。"彭心介绍，奈雪的茶 80% 的销售额来自经典产品，而且通过数据，他们发现，喝东西与吃东西不同，吃饭是刚需，每一餐都希望吃不同的口味，不可能连续三天在同一家餐厅吃饭，更不可能连续三天在同一餐厅吃同一款产品，但喝东西不是这样的。

"大家对同一个品牌的同一款产品，有口味和品牌的习惯和依赖。比如，大家去星巴克，经常喝的就是自己熟悉的或喜欢的那款产品。"

彭心认为，爆品或者说经典产品是带动品牌加速融入消费者日常生活的关键，也是品牌快速崛起、持续激活的关键。而在今天这个市场环境下，爆品或者说经典产品崛起的背后，科技化、数字化功不可没。

"霸气玉油柑"是奈雪的茶新近推出的爆款产品，可以说，这个爆款产品潜藏了品牌快速激活、崛起的秘密。

爆款"霸气玉油柑"

第一个秘密在消费端，借助数字化手段及时精准地捕捉消费者情绪。

油柑是广东潮汕地区特有的小众鲜果。准备做这个产品之前，研发团队先找一个很小的市场做了快速测试，一旦发现这个产品的关注度在投放区域内有了快速增长，就迅速推向全国市场。

不同地方的消费者对油柑的认知和接受程度是不一样的。油柑本身非常酸涩，为了适应不同区域消费者的口味，研发团队最初增加了饮品的甜度。但当消费者在微信小程序、App、电商平台等不同渠道反馈"味道过甜"之后，研发团队在新品上市当晚进行了复盘，并在上市后的3~7天内根据不同区域的消费者评价，迅速进行了产品迭代。

对此，彭心总结说："没有哪个优秀的产品经理，是根据历史数据来做出爆款产品的!"

第二个秘密在产品端,在产品上付出的心血和努力,会被消费者感受到。

在彭心看来,新茶饮最重要的元素是茶。而为了找到符合自己要求和标准的好茶,彭心和研发团队可谓"上穷碧落下黄泉"。跑不同产区、找不同的名家求教……最夸张的一次,从早上9点多一直喝到晚上11点多,喝茶喝到吐。

后来,彭心从立顿茶包和咖啡豆的制作上得到启发。立顿为了保持茶汤的均衡感,将几种不同的茶混搭在一起。咖啡同样如此,不同产地的咖啡豆可以搭配出不同的香气和口感。

奈雪的茶也是将不同产区的茶拼配在一起,既满足了前段的香气,又保证了中段的饱满,还能够让尾韵更加悠长。

第三个秘密在服务和品牌端,好产品自己会说话。

仔细分析奈雪的茶IPO(首次公开募股)的招股说明书,可以发现,其成本构成中,排在第一位的是食材成本,其次是门店运营成本,最后才是大家以为最重头的房租成本。

也就是说,与很多消费品品牌公司将大量资金投入各种营销渠道不同,奈雪的茶在市场营销方面的费用非常低,过往的平均水平仅为业绩的2.5%左右。但从品牌声量的角度考虑,奈雪的茶却屡屡抢占头条话题。

何以至此?"我们的做法是根据我们的洞察,以新产品为撬动原点,结合营销和服务与消费者互动,激发我们的消费者主动产生更多的内容,来提高品牌的声量。"彭心说。她始终坚信,好产品是会自己说话的。

就这样,"霸气玉油柑"霸气地火出了圈。而这,正是奈雪的茶打造爆款的方法论。

小 结

在国潮兴起的大背景下，古老又年轻的中国茶如何重新激活品牌、快速崛起？又可以通过哪些维度打动消费者？

彭心总结说，按照重要性排序，应该是产品、体验、服务和品牌。

产品的重要性不言而喻，没有好的产品，其他都是无本之木、无源之水。体验包括线下和线上两部分，其中线下体验的核心是门店，线上体验则要借助微信小程序等数字化工具。

服务是传递品牌调性的重要手段。

品牌则是产品、体验和服务的集大成者，作为一个生活方式品牌，奈雪的茶要让消费者在消费一杯饮品的时候，能够享受一段美好的时光。

从50后、60后"爷爷喝的茶"，到70后、80后"爸爸喝的茶"，到现在"我喝的茶"，茶饮正在成为年青一代的文化与身份认同的标签，以及新国潮的重要看点。对当代茶饮消费者来说，数字化是与生俱来的，没有数字化才不可想象。

注一　关于资料来源

奈雪的茶相关案例素材，来自2021年5月25日上午对奈雪的茶创始人彭心、CTO 何刚的电话专访。

注二　关于奈雪的茶

奈雪的茶创立于 2015 年，总部位于广东省深圳市，隶属于深圳市品道餐饮管理有限公司。创新打造"茶+软欧包"的形式，以 20～35 岁年轻女性为主要客群，坚持茶底 4 小时一换，软欧包不过夜。

2017 年 12 月，奈雪的茶开始走出广东地区，向全国范围扩张，正式开启"全国城市拓展计划"。截至 2020 年 12 月，奈雪的茶在全国 70 个城市，已有近 500 家门店。所有门店均为直营，且不做任何形式的加盟。

2018 年 3 月，奈雪的茶完成 A+ 轮投资，估值达到 60 亿元，成为公开资料中茶饮行业首个独角兽。

第三章

"数智化"
给制造业插上"跃迁之翼"

开 篇

我们的故事，从一段被指责为"利益捆绑了民族情感"的公案开始。

2006年6月8日，时任三一重工总裁向文波突然在自己的新浪博客（当时最热门的互联网应用之一）上发文："三亿美元，三一能否收购徐工？"一夜之间，本来只应流行于机械制造行业内的话题，被引爆成了全民关注的热点、社会性事件。

抛开文章内针对徐工（徐州工程机械集团有限公司，以下简称"徐工"）被凯雷收购的质疑，该文开篇和结尾是这么写的："徐工是中国工程机械行业规模最大的标志性企业，是共和国工程机械行业几十年的成就！徐工身上包含了中国工程机械行业几代人的心血！……对中国工程机械行业来说，这是一种耻辱！"

浓浓的产业挫败感溢于言表。不过，激发民众情绪的并非产业人的自尊，而是家国情怀和民族感情。自2004年某知名经济学家公开质疑多家国企转制及MBO（Management Buy-Outs，管理层收购）"涉嫌国有资产流失""侵吞国有资产"之后，国有龙头企业的股权问题就备受关注，向文波的开炮引发各界关注自然顺理成章。

媒体纷纷跟着发问："作为国内机械制造行业的龙头，徐工拥有中国最全的300多个门类机械产品，十多项产品占据国内市场前三，为何要选择卖身？同时，年销售额超过 120 亿元，而卖身的价格只有区区 30 亿元，怎么估算的？"

面对争论，向文波放出豪言："三一愿意全盘接受凯雷方案，并加价 30% 甚至更高价钱购买徐工，三一能否收购徐工？"

答案当然是否定的，向文波心知肚明，他公开的一段往事说：2004 年，三一重工董事长梁稳根和他曾专程前往徐州，拜访徐工管理层和当地政府负责人，阐述三一和徐工合作对国家、行业、企业、员工及当地政府的好处，但连价格都还没谈，就遭到明确拒绝，徐工集团改制在经营层的强力主导下，明确排斥"内资"。

"三一与徐工有着明显的产品互补优势，资源整合的空间非常大，三一可以为徐工提供销售渠道、管理经验等，而作为资本投资的凯雷投资，给徐工带来的除了钱，我想不出来还有什么？"那年整个 6 月，向文波在博客和媒体采访中，持续抗争。

这场出圈的争论最终在 2006 年 10 月落下帷幕：在各方协调、参与下，凯雷对徐工机械的收购份额从原来的 85% 下降为 50%，收购变成了合资。

很多年后，人们重新翻开这段公案，才会清晰地看到，站在 2006 年那个时间点，中国制造业有多少纠结与慌乱，又有多少坚持与执着：加入 WTO（世界贸易组织）之后，中国市场逐步开放，制造业不得不逐步面对外来强者，徐工就是这样一个角色，到底是鼓起勇气直面卡特彼勒[①]、小松[②]等的竞争，还是拥抱更多资本——

[①] 卡特彼勒公司总部位于美国伊利诺伊州，是世界上最大的工程机械和矿山设备生产厂家、燃气发动机和工业用燃气轮机生产厂家之一，世界最大的柴油机厂家之一。——编者注

[②] 小松即株式会社小松制作所，全球最大的工程机械及矿山机械制造企业之一。——编者注

起发展？

从市场角度来看，两种选择都有道理，甚至从理性层面来说，拥抱资本是更合理的做法——2006年，成立于1925年的卡特彼勒已经有81年的历史，年销售额已经突破450亿美元，对国内厂商来说，只是远远仰望一下就会感到压力爆棚；同时，中国制造技术革新速度远逊于这些国际巨头，当时的一个说法是落后20~30年。

然而，再多的合理性，在制造业从业者、公众情感层面，均是无法抹杀的阵痛：中国制造如何才能赶上国际巨头、摆脱低端落后的形象，实现真正的崛起？答案当然不是争论出来的，而是一步一步蹚出来的。

14年后，2020年，三一集团旗下的三一重机已经成为全球最大的挖掘机制造商。三一重机的董事长俞宏福给我们讲了另一段故事。

"2009年起，在'四万亿元'刺激下快速生长的工程机械行业，从2011年下半年开始，由于宏观经济调整，房地产和基建投资下滑，市场大幅萎缩，最多时萎缩了70%。

"面对行业危机，我们的第一个措施就是降本，无论在昆山工厂还是在上海临港的新工厂，办公楼虽然装着电梯，但大家基本都走楼梯。有一天我晚上加班从办公室出来，发现楼道、楼梯一片漆黑，连灯也不开。我下楼靠的是秘书打开手机上的电筒照明。为了活下来，成本控制到了极致。

"我们熬过了长达数年的调整期，但并不是靠手机照明省出来的，虽然这种精神很需要。最重要的是要让企业从根本上减少各种活动的盲目性，让一切合理化、精益化，这才是算大账的节省。"

俞宏福讲的这个故事，背景更为宏大：2008年美国次贷危机后，为了解决国内倒闭潮引发的失业潮，中国政府推出了"四万亿元"

刺激计划。这一举措，不仅在工程机械领域带来了狂热生长，对整个中国制造业而言，也是一次巨大的跃迁，从 2009 年开始，"世界工厂"的称谓就逐渐成了中国制造业的核心标签。

然而，这场跃迁仅仅是规模上的膨胀，并没有在质量上取得足够的提升，"世界工厂"一度成了褒贬不一的词汇。随着"四万亿元"逐渐退潮，规模很快就从优势变成了劣势，市场景气时疯狂扩张，"抢钱、抢人、抢地盘"，一遇到回调，一些企业就土崩瓦解，固定资产长期闲置，造成了资源的浪费。

但是，危机过程中，一些良性的萌芽也在悄然生长，如俞宏福所言，危机之中，他们意识到，对制造业来说，想要摆脱低端竞争、扛过市场周期，钱不是最重要的，减少盲目性才至关重要。

那么，如何减少盲目性？第一个答案是增强精益化，这就需要建设信息化、物联网等基础工具。

比如，推进流程信息化。三一重机先后启动了 CRM（客户关系管理）、SCM（供应链管理）、PLM（产品生命周期管理）等项目。以 SCM 为例，项目完成后，销售预测准确率提升 8%~10%，订单交期缩短 5%~8%，生产计划准确率提升 8%~10%，库存周转率提升 10%~15%。

又比如，推动物联网。原来的设备控制中心（ECC）只是在接到客户召请后，通过回传的数据排障，指导客户自主维修。现在借助互联网、大数据、人工智能等技术，服务工程师戴上 AR（增强现实）眼镜，就可以跨空间，实时对挖掘机"面对面"会诊。三一重机服务支持部部长钟友富说，现在已经可以根据数据积累与算法对很多设备的问题进行预诊断，再下一步是派机器人去维修。

减少盲目性的第二个答案，是制造流程的数字化，也就是大家经常说的打造智能工厂。

2021年1月,在三一重机昆山基地,工作人员给我们展示了一面数字墙,上面是总计36万台挖掘机的工作或休息情况,实时传输的状态、数据的不断积累,犹如数字神经网络和大脑,让企业感知到在任何一个地方,哪一种类型的挖掘机处在什么状态。

俞宏福介绍,这套系统最初是为了防止极少数客户恶意欠款而设计的,"因为挖掘机的价格少则几万元,多则数十万、上百万元,很多客户都选择分期付款。三一重机在每台挖掘机上装了一个传感器,以掌握设备的运行工况、路径,判断机主是否恶意欠款,是否进行'锁机'操作"。

通过传感器,三一重机可以知道机器在什么地方、使用工况如何,这给它的售后服务体系搭建、维修配件备货,以及预测接下来的生产投资方向提供了便利。慢慢地,通过数据积累,他们发现,这套系统有很多作用,还可以在宏观层面发挥一定作用,帮助政府更精准地把握市场,熨平政策力度,提升调控效率。

比如,如果只有大机在运作,小机不活跃,说明以国有投资为主的大型基建项目上马比较多,而中小企业的固定资产投资扩张还没有起来,这些数据被坊间命名为"挖掘机指数",每周报送给中国工信部一次,以便了解全国各地的投资拉动情况。

两个看似由危机倒逼而出的"答案",不约而同地将革新路径指向了数字化、智能化。调研过程中,我们深切感受到:从流程驱动到数据驱动,从B2C(business to customer,企业到用户)到C2B(customer to business,用户到企业)、C2M(customer to manufacturer,用户到制造),中国制造正在发生深刻的变革。

蝴蝶扇动翅膀,激发了旋风。数字化、智能化,犹如两只翅膀,一左一右持续扇动，正在激发"中国智造"旋风，带领制造业从低端向高端跃迁。激活"中国智造"，使门类全、产能大、能耗高、科技进步贡献率比较低的制造业，变成供需精准、生产精益、降本增效、价值创新的智能制造，也让"世界工厂"从规模优势走向品质、研发双优势。

河南卫华集团与树根互联共建了起重物流装备行业工业互联网平台，接入了上千台（套）起重设备，覆盖国内29个省级行政区及东南亚，真正解决了作业安全风险高、设备停工损失大、维保效率低、成本高的痛点。

复合材料零部件的内部缺陷检测耗时、耗力，高水平检测人员也非常稀缺。腾讯和中国商飞合作，利用人工智能视觉技术辅助质检员，捕抓人眼无法发现的材料缺陷，使缺陷检出率提升到99%。

腾讯云与华制智能携手，助力山东玲珑轮胎搭建了全球首个轮胎行业工业互联网平台；腾讯云助力工业富联，打造"双跨工业互联网平台"，目前已经连接了海量工业设备，积累了一大批工业机理模型，搭载上千个工业App，并在广东、浙江、山西、河南等17个省市服务了近千家工业企业用户。

我们清晰地看到，通过产业互联网，由数据牵引企业敏捷反应，企业将大大提高自身产品与服务的交付效率，也有条件高效整合所有生态伙伴的资源，为用户提供全方位的解决方案。而作为新型生产要素，数据并不只是对传统要素的补充，而是以幂数效应，激活人、财、物、信息等价值，以智能化的方式释放出新动能，让制造业不再盲目、不再低效，让经济充满韧性与弹性。

接下来，我们将通过树根互联和华星光电两个案例，全面展示这场"数智化"之翼扇动引发的制造业旋风！

树根互联
"数智化"让制造企业自由翱翔

很多人在创业过程中，往往先做"匕首"这样的小应用，简单、易用，足够精致。但是，树根互联联合创始人、CEO 贺东东不这样想。他一上来就选择了"坦克"这样的大家伙，笨重、复杂，极其困难，这个"坦克"就是树根互联。

"未来的制造业转型，肯定会基于工业互联网平台，这是一次新的变革。"2015 年、2016 年前后，工业 4.0、工业互联网等概念接连出炉，常年耕耘于制造业的贺东东把自己当时就职的三一重工，跟提出工业互联网概念的美国 GE（通用电气）做了一个简单对比，发现两者很像：都做大型动力机械，都做远程监控、预测性维护等，完全有机会发力工业互联网平台。

所以，从一开始，贺东东就是从"平台"这个层面来理解制造业转型升级的，"工业涉及国家战略，中国制造业这么大体量、这么大规模，不可能基于外国的平台来转型、升级，应该有自己的工业互联网平台来承担这样的责任"。

在他看来，这种平台一定是跨行业、跨领域的，小的应用就像匕首，可以很精致，但是仅仅聚焦在细分行业，没法扩展，更不可能满足企业整体转型需求，"所以，我们不是一个工程机械的工业互联网平台，而是一个通用型的工业互联网平台"。

贺东东认为，树根互联是专注打造工业互联网操作系统的公司。"绝大部分中国制造企业的IT能力都很弱，只有提供非常低门槛的服务，才有可能推动中国制造尽快转型。所以，我们的优势就是，跨行业的这些工业企业在做数字化转型的时候，用我们的平台，门槛很低、成本很低，而效率却很高，而且我们会不断沉淀这些应用，去帮助大家提高转型速度。"

有优势自然就有劣势，这么做最大的劣势就是"难"："研发任务重、人力跟不上、资源不够用，还要一边研发通用技术，一边满足具体交付。"对贺东东来说，克服困难的核心依靠是"愿景"："希望为中国贡献一个世界级的工业互联网平台！"

工业互联网平台的根本：跨设备和软件的连接

贺东东的创业愿景，就是"把平台作为一个产品去做"。

所谓把平台作为一个产品，就是把平台当成一种技术，或者当成一个新技术的载体去推进。思维方式的区别决定了树根互联走上了一条独特的数字化路径。"如果没有平台，完全可以做一系列案例或者应用出来。但是没有平台，每次都需要重新去做，每次都是定制。这种做法，其本质就是系统集成，是早已有之的东西，不是新事物。"把平台作为一个产品，很像手机的操作系统，贺东东称之为"工业互联网操作系统"，其复杂性远超手机操作系统。

在谷歌的安卓系统和苹果的iOS出来之前，每个手机厂商都是自己去做开发应用，所以效率很低，而且彼此之间无法通用，导致大家只能各自为战。安卓系统和iOS出来之后，移动互联网才得以爆发，因为不同手机厂商可以基于操作系统进行开发，彼此打通、连

跨设备和软件的连接是工业互联网平台的根本

接，更让万物互联不仅理论上成为可能，而且商业上也可行。

截至2021年8月，树根互联的根云（ROOTCLOUD）平台上，连接设备超过80万台，机器接入类型超过5000种，支持的工业协议超过1100种。

这个过程中，不同设备、不同软件、不同领域、不同环境……基于一个平台去打通，难度可想而知，其间涉及大量行业Know-how（专门知识），需要逐个解决。以传感器为例，工业传感器应该装在什么位置？设备采集的频率、稳定度，应该是什么标准？如果缺乏对行业的深入理解，根本不可能做好工业互联网。

在连接设备和软件的同时，还要打通软件和软件，让不同软件能够对接，彼此能够对话，因为只有这样，大型复杂设备的大规模数据采集才有可能实现。截至2021年8月，根云平台上的工业应用累计超过5400个，工业软件协同超过600个。

根云平台的三大通用核心能力——多种类工业设备的大规模连

接能力、多源工业大数据和 AI 的分析能力、多样化工业应用的开发和协同能力，正是基于设备和软件的连接、软件和软件的打通。

工业互联网平台的唯一标准：数据驱动

"工业互联网平台逐渐成为工业行业的基础设施之一。作为腾讯工业云的重要合作伙伴，树根互联的产品、技术和服务能力，已在多个子行业的龙头客户中得到认可，积淀了宝贵的实践经验。"2020年 12 月，树根互联完成 C 轮 8.6 亿元融资，腾讯战略投资入股，腾讯投资董事总经理余海洋表示，早在 2017 年，腾讯就与树根互联进行了深度合作，腾讯云成为树根互联"工业云"的合作伙伴。

不过，虽然整体发展速度很快，但在"工业互联网平台"的定义上，行业一直有不同的看法。"什么是工业互联网？什么不是工业互联网？"2018 年、2019 年前后，贺东东在不同场合演讲的时候，都是以此为题。因为他发现，这是工业互联网的最大问题，"大家的语义不一致，都是打着这个名号，但里面做的东西各不相同"。

"比如，大家热议的黑灯工厂，很酷很性感。但黑灯工厂是工业互联网吗？"贺东东认为，黑灯工厂本质上还是流程驱动的，属于信息化时代的产物，而工业互联网或者工业 4.0，本质上是数据驱动，要解决的是数字化、智能化的问题。

实际上，对工业互联网的不同理解，折射的是复杂的中国制造业现状。对此，贺东东有自己的思考。他将中国制造业分成两部分：一部分是存量，就是已有的；一部分是增量，就是正在发生的。"如果打分，中国制造业总体处于 2.2、2.3 的水平，往 4.0 转型的时候，两部分各有自己的任务：存量的需要补课，增量的需要突破。"

树根互联眼中的工业互联网

存量的要补哪些课呢？要补信息化、自动化的课。很多制造企业，连 ERP、MES（制造执行系统）之类的工业软件都还没有，更不用说机器人、数控设备了。这些工业 3.0 时代的软件，是中国工业的存量差距。

"中国做工业互联网的，号称有几百家，有名号的有三五百家，但其中大部分都是在做系统集成，也就是 3.0 时代的东西。"贺东东说，黑灯工厂的实质是以机器人、数控设备以及工业软件替代人工，仍然属于信息化、自动化的范畴。

增量的突破，就是工业4.0与3.0的最大区别。通俗一点的理解，就是网络化、数字化和智能化，也就是现在非常热门的"产业数字化"。

"所谓产业数字化，是要把制造业或者实体经济，变成数字化的存在。对此，学术界有不同的叫法，如数字孪生、数字双胞胎、数字镜像等，但本质上都是数据驱动。"数据驱动的工业4.0，应该具备四大特征：实时管理，数字空间与物理空间同步；新数据源，以IT数据为主导，动态的、微观的数据一应俱全；新技术，云计算、大数据、人工智能、区块链等，都是以前没有的；新模式，ERP天生是以企业为边界的，但工业互联网追求产业链协同，内在要求突破企业边界。

产业数字化的标准是"数据驱动"

"这四个新特征,是 3.0 时代的架构所无法达成的,一个新基座必然会产生,那就是工业互联网。"贺东东认为,工业 3.0 解决的是标准工艺、标准产品等问题,工业 4.0 要解决的是柔性制造、个性化定制等问题。

举个例子。我们现在使用的智能手机,我用的 iPhone 12(苹果公司的一款智能手机),跟你用的 iPhone 12,是同样的产品,这就是标准工艺、标准产品。等什么时候,我用的 iPhone 12 可以根据我的喜好定制,你用的 iPhone 12 可以根据你的喜好定制,那就是工业 4.0 的任务了。

那么,从工业 2.2、2.3 到工业 4.0,工业 3.0 是一个必经阶段吗?

贺东东认为这是两条赛道。他把工业 3.0 比作跑步,把工业 4.0 比作游泳,"没跑过步的人,一样可以学会游泳。但跑过步的人,身体机能会更好。那为什么非要学游泳呢?因为如果遇到一条大河,只会跑步的人是过不了河的,会游泳的人就可以游过去"。

从起重机到定制家居:翅膀持续扇动

以数据化驱动,做好从连接、分析到开发和协同,树根互联的跨平台应用在成立几年后,开始激活制造业的数智化升级。

成立于 1988 年的河南卫华集团,是我国起重行业产销量最大、产品种类最全、品牌影响力最强、最具竞争力的企业集团之一,其工业起重机产销量蝉联全国第一,是全球两大工业起重设备供应商之一。

在卫华集团 CIO(首席信息官)牛力看来,起重行业有三大痛点:起重作业安全风险高,设备停工损失大,维保效率低、成本高。

2018年，卫华集团与树根互联签署战略合作协议，建设"起重物流装备行业工业互联网平台"。截至2021年3月，平台累计接入起重设备上千台（套），覆盖国内29个省级行政区域及东南亚，用户涉及机械机电、石油化工等13个行业。

平台可实时监控接入设备的运行状态，包括运行挡位、电压、电流、工作现场视频图像等信息，并通过3D仿真的形式对起升机构、运行机构的工作过程进行直观展示。同时，基于设备即时数据和异常检测模型，系统可以自动触发故障服务工单，售后服务工程师能够准确获取故障处理方案。

通过设备智能健康管理解决方案，起重物流装备行业工业互联网平台实现了起重设备产品设计优化、远程监控、故障诊断、预测性维护、远程运维服务等应用，打通了技术研发和产业化链条，实现起重装备的全生命周期管理。

基于平台发布的国内起重行业第一个数据分析指数——起重机指数，与制造业PMI指数、挖掘机指数相匹配，能够从不同方面反映工业生产的活跃度，为宏观经济形势分析提供重要依据。

2021年4月，起重物流装备行业工业互联网平台通过了河南省工业和信息化厅、财政厅的相关考核验收，被正式认定为河南省首批工业互联网平台。下一步，起重物流装备行业工业互联网平台将在"采"和"用"两个方向继续发力。

所谓"采"，即设备接入和数据采集，把更多类型的起重机，低成本、高稳定地接入平台。所谓"用"，即数据采集后，经过整理分析，形成行业机理，为用户或企业带来价值。

除了机械制造领域，在其他制造领域，树根互联的作用也开始显现。

2019年,树根互联与广州市政府携手启动的"全球定制家居产业链平台",为家居产业提供整体解决方案。

无缝兼容多种主流异构软件,兼容本地化软件和SaaS化(software as a service,软件服务化)共10多种异构应用软件,实现一键登录。

快速接入多种类设备,提供130多种木工设备接入及加工驱动,覆盖家具行业90%以上的设备种类。

提升板材综合优化利用率,提供小批量多批次柔性化解决方案,板材优化利用率达到80%以上。

兼容多工艺特点的透明化应用场景,多来源订单、多工艺并存、自动化整线控制、强个性化工艺四种主流场景,全部兼容。

平台以"平台+共享工厂"模式,根据消费者需求自动匹配设计师,再根据周期、工艺等因素,把订单分配给集群内的企业,让消费者、订单与生产机器无缝对接。

接入该平台的广州市美洛士家具有限公司,降低板材成本15%,同产能人员成本降低60%,核心工序提升30%。"以前完成一个订单需要30天左右,有了数字化无缝对接之后,协同效应更强,现在的订单基本上都能够保证10天左右的交付周期。"广州市美洛士家具有限公司总经理罗方华在接受中央电视台《新闻联播》采访时说。

截至2021年3月,全球定制家居产业链平台已接入广州、佛山等地20多家生产企业。

激活全领域"数智化转型":跃迁才刚刚起步

如今,依托工业互联网操作系统,树根互联正不断拓展跨行业、跨领域的工业互联网应用,为近70个国家和地区的工业企业,提供

广州市美洛士家具有限公司的数字化工厂

全价值链数字化转型"新基座"服务。例如，通过与德国混凝土泵制造商普茨迈斯特、德国金融机构慕尼黑再保险公司等主要合作伙伴签署合作协议，树根互联成功进军欧洲市场。

另一方面，通过"通用平台+产业生态"的 P2P2B 模式——借助平台（platform），支持、帮助合作伙伴（partner）建立起解决方案和服务能力，从而服务 B 端（business）客户，构建起安全、稳定、可靠的工业互联网生态闭环，树根互联已形成 20 个产业链/产业集群平台，覆盖产业包括工程机械、混凝土、环保、铸造、塑料模具、纺织、定制家居等，为 48 个工业细分行业的企业提供数字化转型服务。

树根互联的行业作用也得到了国际第三方研究机构的认可。从

2006年开始，全球权威IT研究与咨询公司Gartner以领导者、挑战者、远见者和利基型企业四个象限，对全球IT细分市场状况和趋势进行分析，并发布旗舰研究报告——《全球工业互联网平台魔力象限报告》。2019年，树根互联的根云平台首次入选Gartner工业互联网平台魔力象限。

Gartner认为，根云平台的优势在于以下几个方面。

为MES和CNC（computerized numerical control，计算机数控）机器的API（application programming interface，应用程序接口）和协议数据集成，提供了良好的支持。

支持350多种工业协议，这些协议可连接到OEM（original equipment manufacturer，原始设备制造商）的一系列PLC（programmable logic controller，可编程控制器）、CNC工具、传感器和特殊设备上。

在重工业和汽车子行业有许多用例和参考客户。

易于使用，并能提供有效的数据可视化工具。

树根互联入选之后，国内有几家著名平台主动联系Gartner，有人甚至还说："不就是给钱的事情吗？"结果，2020年的魔力象限报告中，仍然只有树根互联一家中国工业互联网平台入选。树根互联由此成为唯一一家连续两年入选该象限的中国企业。

"对制造业来说，数字化真的是一场变革性的范式转变。"贺东东说。工业互联网平台现在还处于非常早期的阶段，但沿着这条路走下去，制造企业的智能制造、数字驱动的柔性制造、个性需求的极大满足、社会资源的智能调度、社会效益的极大提升，都将成为可能。

"要致富，先修路。把工业互联网平台这条'高速公路'建好，可以服务更多行业和领域的工业企业实现数字化转型升级，带动产业竞争力全面提升。"贺东东说。

小 结

一个通用的工业互联网平台,有哪些评价标准?贺东东认为,有三个维度。

首先,要有平台。

不能只有案例、只有应用。如果没有平台,技术能力就没法积淀,每个案例、每个应用都只是一次性的交付,没法在这个基础上做延伸和拓展。

其次,平台得有多样性。

只有连接的设备种类够多、服务的行业跨度够大,才能反向证明平台是有用的。只能开发一种App的操作系统,怎么能叫操作系统呢?

最后,也是最重要的一个维度,能否大规模商用。

消费互联网时代,个人尝试一个新应用的成本很低,风险也很低。但工业互联网不行,制造业的重资产、长周期等特性,决定了它的试错成本极高。

大规模商用带来的技术挑战,对可靠性、强壮性的要求,是初创公司很难跨过的门槛。

注一 关于资料来源

树根互联相关案例素材,来自2021年4月21日上午在广州保利国际广场对树根互联 CEO 贺东东的专访，2021 年 1 月 21 日上午在深圳万利达科技大厦对腾讯云智能制造总经理梁定安的专访。

注二　关于树根互联

树根互联股份有限公司是国家级跨行业跨领域工业互联网平台企业，也是连续两年、唯一入选 Gartner 工业物联网魔力象限的中国工业互联网平台企业。

树根互联聚焦于面向工业 4.0 的平台技术和产品研发，打造了自主可控的工业互联网操作系统——根云平台，构建基于平台的工业 App 和工业数据驱动的创新服务，通过跨行业跨领域的工业互联网平台为工业企业提供低成本、低门槛、高效率、高可靠性的数字化转型服务。

树根互联不仅推动 48 个工业细分行业、超过 60 个国家和地区的企业实现全价值链重构和升级，涵盖数据驱动的智能研发、智能产品、智能制造、智能服务、产业金融等场景，还通过"通用平台＋产业生态"的 P2P2B 模式，与行业龙头企业、产业链创新企业等生态伙伴的行业经验和应用场景相结合，打造了 20 个产业链平台，实现工业互联网平台更广泛、更深度的赋能。

华星光电
两年训练出的"质检大神"

在深圳市光明区,华星光电建设了一个面积相当于12个足球场的生产线。这里很少看到工人忙碌的身影,取而代之的是一条条机械手臂:与人工不同,这些机械手臂只要插上电源就可以昼夜不停地工作,生产出各种类型的液晶面板。

液晶面板是决定液晶显示器亮度、对比度、色彩、可视角度的材料,液晶面板质量、技术的好坏直接关系到液晶显示器整体性能的高低。所以,在生产制造工艺之外,液晶面板的质检成了决胜市场的关键。

然而,液晶面板的缺陷种类特别复杂。因此,质检就天然地成了一个对人力和专业度都有极高需求的工种:一名质检员从入职到上岗,需要3~6个月的岗前培训,然后通过考核,才能上岗作业;同时,由于人工的不稳定性,在上岗之后,这些人还需要持续培训,最终能维持85%左右的准确率。

另外,随着社会发展,这些年来,年轻人对这种固化、乏味的岗位越来越不感兴趣,招工难度也在不断加大,这也成了各个制造商急切想要突破的"天花板"。

在此背景下,华星光电的刘庆与腾讯的韦昭南一起,吃了行业的"第一只螃蟹",这就是国内面板业缺陷判别的首例人工智能项

目——ADC 项目（auto defect classification，自动缺陷分类）。

借助腾讯云 AI 图像诊断技术，华星光电面板缺陷识别速度提升 10 倍

当 AI 遇到质检：飞行中换发动机

2018 年，腾讯云联合格创东智，共同承接了华星光电的一个奇怪的项目——"AI 判片"：通过人工智能，全面承接华星光电 t1[8.5 代 TFT-LCD（含氧化物半导体及主动矩阵有机发光二极体面板）生产线]、t2（8.5 代 TFT-LCD 生产线二期项目）和 t6（11 代新型显示器件生产线）工厂图片自动识别系统，在 Array/CF/Cell 各检测工序上的应用落地。

任务落到了腾讯优图实验室工业高级架构师韦昭南身上："这个项目的核心，是让机器完成缺陷的分类工作，实现人力替代并加速异常反馈及处理。"通俗来说，华星光电希望利用人工智能，建立缺陷分类模型，对产线实时发送的图片进行识别分类，并将结果回传给 MES，替代原有人工进行图片的识别分类。

然而，刚刚起步，韦昭南就碰到了巨大的挑战。

"产业互联网、工业互联网，在 AI 准确率上面的要求跟消费互联网完全不是同一数量级。"扎进华星光电之后，韦昭南才第一次感受到"智能制造"与以前工作的巨大区别——制造业对 AI 的准确率要求近乎"变态"，这种指标要求是 AI 应用在制造领域里共通的难点。

"比如说在消费互联网，像现在用得比较多的人脸识别或者语音识别，做到 90%~95% 就可以了，大家已经能接受。但是在制造业里面，要求是非常严格的，包括华星光电，以及其他大部分项目，我们遇到的客户，准确率都要到 99%、99.5%，甚至更高的水平。"韦昭南说。

这种极高的要求，倒逼韦昭南和同事不断迭代模型、收集新数据、提升指标。结果就是，在整个项目周期里，他们有一半时间在做数据的收集、数据的清理和标注的清洗，剩下的时间才是做算法优化。

对从互联网领域转过来的人来说，这带来了两个问题。

首先，如果人教给算法的东西不对，肯定影响算法指标的提升，所以仅仅靠算法优化显然没办法完成任务，需要把一些行业知识纳入整个算法的设计中。而算法的瓶颈往往是因为对业务的理解不到位导致的，这就要求那些本来关起门在办公室搞算法的工程师必须深入工厂、实地学习摸索。

其次，对做 AI 的企业来说，每个场景都是垂直的，这种算法优化模式，限制了工业界 AI 应用的推广。比如说，华星光电这个项目成功后，想要在行业里面复制，可能只能局限于面板这个场景里面，即使是复制到有类似逻辑的半导体行业，仍然要做很多调整，因此产生了很多迁移学习成本。如果行业跨度再大一点，模型要完全从头开始去做。

当然，如果只是这两个问题，还算好解决。更大的问题还是在下厂之后才发现的，那就是他们必须面对一个"飞行中换发动机"的问题：没有数据。

"很多客户本身的制造工艺，已经相对比较成熟了，良品率都比较高。像面板行业，由上百道工序组成，它的良率可能必须达到99.9%甚至99.99%，才能够使得最终综合的良率或者直通率有9成以上。"韦昭南说，训练模型需要收集"坏样本"，但是制造企业本身一直在改进工艺、提升良品率，这就导致"坏样本"非常难收集。

这个问题在IBM给华星光电做的时候，就已经遇到了：2017年，韦昭南跟着IBM一起进厂调研，那时候他们就发现，大部分时候他们都是在等数据，连模型都没办法跑起来。

不像人脸识别、语音识别等其他通用AI，有现成的海量数据。对企业来说，一直以来改进工艺的目的就是降低不良率，不可能停下脚步，增加不良品来帮助收集数据。所以，质检领域的数据往往非常匮乏，比较难收集，经常出现项目在等数据的情况。

一边面对的，是困难重重；一边面对的，则是迫切需求。

面板缺陷识别：AI与人工经验融合

"面板的缺陷种类多达120种，不同工序、不同产品的缺陷特征也不尽相同，这些都加大了人员快速精准识别缺陷类型的难度。"华星光电ADC项目负责人刘庆表示，在ADC项目之前，华星光电的质检方法是靠人工肉眼去识别AOI（自动光学检测）拍出的图片，需要AOI设备将玻璃缺陷拍照后上传到NAS（网络附属存储）系统，再通过 MES 上传到人工判 Code（代码）的界面，由人员对图片一张一张进行识别和分类。

在华星光电工厂的质检室中，每名图片质检员每天需要面对 1 万张产品图片进行检测。一名成熟的质检员，平均要花费 2 秒的时间完成对每张产品图片的缺陷分类工作，同时还需要确认缺陷是否落在线路上、对产品的影响严重程度是否需要开立对应的生产异常单。

面板在不同的生产工序，不同的 AOI 设备拍照的图像分辨率、曝光率、成像底色等差异非常大，有一定的识别难度，因此，一名质检员从入职到上岗，需要 3~6 个月的岗前培训，通过考核之后才能上岗作业。

同时，与机器不同，人员具有明显的个体差异，人员识别容易受到外部环境的影响。人员识别的准确率是在一定范围内波动的，需要持续地对人员进行教育训练来保证稳定的准确率。

另外，人工检测不仅在效率上不能满足工厂产能的快速爬坡，如今的年轻人也更喜欢去工作环境相对不那么单一的地方工作。对企业来说，更希望通过机器代替人工来进行生产作业的降本增效，将人工所积累的经验进行固化，持续高效地运行下去。

"ADC 项目初期收集各类缺陷样本进行训练，当产线实际缺陷形态变化时模型无法灵活应对，而人员是可以提炼相应的特征来识别的。这就需要把人员识别的经验和方法，跟模型的算法技术结合到一起。"刘庆表示，ADC 的推进就成了"AI 算法优化 + 人工经验"合成的项目。

不过，这种结合一开始并不顺利，反而更像是对决：ADC 项目初期，人工检测的准确率为 85%，而 ADC 初始准确率仅为

70%~80%。

"项目前期,研发人员需要花费30%的时间,把液晶面板特性模型的参数和人员经验结合调优。"刘庆说,对整个项目来说,这个过程是至关重要的。但是,研发团队遇到两个关键性问题:首先,如何将客户主观需求转化为可求解的计算机视觉算法;其次,针对提炼出来的算法问题,如何提出一个最佳的解决方案。

为了解决这两个问题,腾讯优图团队在项目前期,就参与到华星光电的需求调研中,深入了解液晶面板的工艺流程、缺陷成因、缺陷定义等,并接受工厂相关的业务知识培训,"在算法方面有多种选择,而研发人员需要从性能、速度、可执行性、可维护性、开发难度以及可能存在的风险等方面进行全方位评估"。

最终,综合考虑算法指标、开发和维护成本等因素,腾讯云和优图实验室研发人员提出"深度学习为主+传统计算机视觉算法为辅"的解决方案。

不过,真正的挑战才刚刚开始。

提升20%准确率背后:两年突破两大问题

"数据分布多样性、大量小缺陷以及缺陷数据分布极度不均衡性共存,部分重要缺陷的数据非常少,对算法的泛化能力提出了极大的挑战。同时,长尾需求差异性强,不同站点的产品需求和缺陷会有差异,对解决方案造成了极大的挑战,需要随时根据需求调整。"整个开发过程中,韦昭南不是在跟数据问题做斗争,就是在跟需求差异性搏斗。

这对算法研发人员的抗压能力和团队协作能力提出了非常高的

要求。整个研发团队不仅需要不断投入算法研究、开发缩放校正算法、旋转校正算法、小样本缺陷分割算法，还要针对小样本缺陷提出迁移学习来提升算法的性能。

但就是在这种情况下，项目组以站点负责人制，积极组织研发人员进行攻坚，高效推动算法的开发和交付：一方面充分沟通，允许在不影响面板质量的情况下，对判断缺陷的规则进行适当修改；另一方面组织算法人员进行攻坚，采用适合的算法解决数据不准确、易混淆的问题，还开发了孔异常算法、颜色校正算法等，这些算法作为ADC项目整体解决方案的补充，能灵活地根据不同问题进行调整。

除此之外，另一个问题是，工业视觉场景有自己的特殊性，与自然场景有很大的不同，液晶面板的图像特征比较单一，但是也有一定幅度的变化。华星光电给腾讯云提供的训练数据，无法完全覆盖生产环境中的所有情况。

对此，腾讯云需要采用图像标准化的策略，将所有线上数据全部转换到同一个标准化的空间，再进行缺陷分析，最大程度抑制产线波动带来的影响。同时，腾讯云提炼出了最优的通用解决方案并封装到TI-insight（智能钛工业AI平台）。只需要使用TI-insight，不需要有研发技能也可以进行模型的交付和算法的迭代，这大大降低了算法的交付成本。

全部解决这些问题，是在两年后。2020年，ADC项目进入尾声，整个准确率在不断地提升，从最开始的70%~80%提升到了90%以上。面对我们的采访，刘庆说："截至目前，ADC识别单张图片的速度，从人工的2秒缩短到了500~600毫秒，总共可以替代140名员工，并且为华星光电节省超过1000万元人民币的成本。"

小 结

华星光电的实践证明，制造企业进行"数智化"转型，需要注意三大要点。

首先，用顶层设计代替项目制。

自 2016 年起，华星光电就开始尝试智能制造。由于一开始采用的项目制推进困难，华星光电随即成立了数字化转型推进办公室，让有相关经验的工程师学习智能制造前沿技术并进行推广应用。

TCL 集团是国内许多制造业企业的缩影。如华星光电一样，传统企业向数字化转型如果可以得到验证，对其他企业来说就会拥有同样的商业场景。

其次，数据采集必须深入场景，做到极致。

对高端制造业来说，向数字化转型的难点在于对数据的采集要求到极致，例如华星光电需要气态、液态、温度等方面的数据，这个挑战已经超越了数据采集，也超越了一般的数据分析。

最后，机制、体制、人才综合创新，才能形成合力。

新的技术要在工厂能够用好、落实好、执行好，需要企业拥有与过去不同的知识结构，这意味着传统企业要创新人才引进和培养，需要既懂工厂业务又懂算法的人才。而这，又需要企业在机制和体制上进行创新，给人才的腾挪、新技术的落地留出足够的空间，这样才能形成多方合力的局面。

注一　关于资料来源

华星光电相关案例素材，来自 2021 年 1 月 15 日下午在深圳腾讯大厦对优图实验室工业高级架构师韦昭南、优图实验室高级研究员刘俊的专访，2020 年 12 月 18 日下午在深圳华星光电技术有限公司对华星光电副总裁廖炳杰、华星光电 ADC 项目负责人刘庆的专访以及现场走访。

注二　关于华星光电

TCL 华星光电技术有限公司成立于 2009 年，是一家专注于半导体显示领域的创新型科技企业。作为全球半导体显示龙头之一，华星光电以深圳、武汉、惠州、苏州、广州、印度为基地，拥有 8 条面板生产线、4 座模组厂，投资金额超 2400 亿元。

TCL 华星积极布局下一代 Mini-LED、Micro-LED、柔性 OLED、印刷 OLED 等新型显示技术，产品覆盖大、中、小尺寸面板及触控模组、电子白板、拼接墙、车载、电竞等高端显示应用领域，构建了在全球面板行业的核心竞争力。

TCL 华星始终坚持走自主创新驱动发展道路。截至 2020 年底，TCL 华星的累计专利申请数为 47720 件，累计全球专利授权数为 15362 件，其中发明专利超 99.3%，自主专利已广泛覆盖美国、欧洲、日本、韩国等国家和地区。2020 年，TCL 华星的美国专利授权数为 5379 件，首次跻身全球前五十，连续六年位居中国（不含港澳台）企业前三；PCT 专利公开总量为 2192，在中国企业中排名前三。

第四章

农业与金融
数字化激活千年古老行当，普惠民生

开 篇

2003年,《华商报》推出专题报道"北大毕业生西安街头卖肉"。迫于生计,北大毕业的陆步轩拿起屠刀卖猪肉,一时间各界哗然:北大毕业的天之骄子,居然干起了卖猪肉的营生!肉摊上,苍蝇乱飞、血水横流、肉腥刺鼻,陆步轩只能穿着短裤、拖鞋站在铺里,手上是常年洗不净、后来就索性不洗的猪油。唯一能把他和其他肉贩区分开来的,是鼻梁上那副厚厚的眼镜。

"杀猪卖肉谁都可以做,何必去读全国最顶尖的大学呢?""读书有什么用,最后还不是落得这个下场?""简直就是浪费高等教育资源!"……在有些地方,陆步轩甚至被当成了"读书无用论"的典型人物。

陆步轩也觉得卖猪肉是"很低档的工作"。街坊没人知道他是北大毕业的,有人问起,他索性说自己是文盲。一直到2013年,受邀再回母校北大演讲,陆步轩还是说:"我是给母校抹了黑、丢了脸的人。"

2009年,同样北大毕业的陈生,已经在广州下海创业、站稳脚跟。他找到陆步轩,看中了对方精细化经营猪肉摊的能力。"我一个档口只能卖1.2头猪,他能卖12头猪,是我的10倍。"陈生说。

两个北大毕业生决定一起好好养猪、卖肉。二人合伙开办了培训职业屠宰的屠宰学校，由陆步轩授课并编辑教材。他们决定，要把养猪、卖猪肉这件事办出"北大水平"。

22年后的2021年，陆步轩再次成为媒体头条人物，话题却有了微妙的变化——"北大才子带领全村数字化养猪增收10倍"。

不为外界所知的是，这些年里陆步轩和陈生不仅开办学校教人杀猪、卖猪肉，还将数字化、先进设备、规模化养殖的那套体系引进到了养殖端。接受我们采访时，陈生和陆步轩并排坐，两人毫不掩饰自豪之情，拍着胸脯说："我们的养殖端，是地球上最好的。"

在壹号食品湛江官湖村的土猪养殖场，干净有序的饲养场里，运转着全球最先进的温控设备、自动喂料系统，壹号土猪"住别墅、吹空调"。在养猪村民和饲养员、养殖技术员以及陈生的手机里，企业微信串联起养殖的每一个环节……

全球最顶尖的制造业成果和数字技术汇聚一处，一切变化可量化、可预测，一个村民可以同时饲养1000多头猪，彻底冲破了传统养殖产业的天花板，效率和效益同步提升，中国农业的生产力被彻底激活。如今，壹号食品的年销售额已经超过20亿元，跟着陈生和陆步轩一起养猪的村民们都从破瓦房搬进了别墅、开起了宝马车。

热搜背后，外界的评论也转换成另外一种声音："知识改变命运"，"科技是第一生产力"，"北大出来的干什么都能成"，"行行出状元"……数字化改变的不仅仅是一个人，还是一个行业。

正如数字化激活了古老的农业，与农业一样有着数千年悠久历史的金融行业，也正在被注入全新内涵。

一个被忽略的事实是，作为四大文明古国之一，中国对世界金融史的发展有着举足轻重的贡献，创新是基因也是传统。最初，贝壳被作为货币流通于世，后来秦始皇统一货币，再到唐宋时期的飞钱、交子，这些金融创新都发生在华夏大地上。过去数年，得益于监管鼓励和科技创新，以移动支付为代表的中国金融科技发展弯道超车，甚至成为当代中国的世界名片之一。

落到生活日常，更多基于场景的金融科技创新层出不穷。例如，乘车码让移动支付服务于大众出行，让民众出行免受找零难、排队久、易丢失等困扰；又例如，微信香港钱包的跨境汇款服务 We Remit，让近 20 万港菲（香港菲律宾服务者）在几秒钟之内，就可以给远在菲律宾的家人转账，改善生活。过去，他们需要专门请假，花费一天的时间到线下营业厅排队汇款。

2005 年，联合国提出"普惠金融"的理念，提倡每个人都拥有获得金融服务的权利。而这对金融机构来说，则是一个同样横亘数千年的难题：成本高、风险高，双高之下，银行如何用可以负担的成本，为每个个体，尤其是小微企业、农民、低收入人群等弱势群体提供金融服务？

微众银行决定直面这个难题，肩负起历史使命。要做出改变，风险控制和成本降低必须双线同步推进。金融与科技的碰撞，产生了意想不到的火花，将普惠金融和小微服务推进到了经济的毛细血管处，静水深流。

"中国有 4000 多家持牌银行，但有一半以上生活在经济欠发达地区的人得不到便捷的金融服务。要解决这个问题，必须把成本降下来，同时还必须控制住风险。先进技术是解决这个难题的关键，国内外都是如此。"作为金融业的资深从业人士，微众银行行长李南青深知问题所在。于是，诞生之时，微众银行便携手腾讯云使用云计算技术打造了全国首创的分布式银行核心系统。不同于传统银行的技术机构，云上银行可以按需使用、按量付费，避免了传统银行开业时需要投入巨量资金用于建设数据中心的情况。

如今，微众银行单 IT 运维户均成本只需 3.6 元，不到传统银行的 1/10。因为采用了腾讯云分布式数据库 TDSQL，在数据库方面，微众银行更是比传统银行节约了 50% 以上的成本。截至目前，微众银行累计服务小微企业客户 221 万、个人客户达到 2.9 亿，单日金融交易峰值达 7.5 亿笔。此外，利用无障碍人脸识别和身份证识别技术，微众银行攻克了视障群体独立完成银行开户的难题，已累计为超过 11000 名视障、听障及有语言障碍的客户提供金融服务。

农业生产食物、滋养生命，金融推动经济发展、催生科技变革，这两个古老行业自诞生伊始，就与人类文明息息相关。它们共同推动人类文明滚滚向前，也正在被数字化全面激活。接下来，让我们以壹号食品和微众银行为例，看看这两个焕然一新的行业正在发生哪些激动人心的变化。

壹号食品
数字化激活千年养猪业

在广东湛江官湖村，如果问起陈春强家在哪儿，有人会说："门口停着宝马车的就是。"

宝马车前，是一幢三层别墅。乳黄色的外墙，深红色的大门，门前有专门的停车位，二层和三层各有一个宽阔的阳台。

47岁的陈春强是个养猪农户。官湖村山地多，农民收入低，几年前还是省级贫困村，陈春强高中毕业就外出打工了。打工七八年，他觉得"发不了财"，就回到老家，准备继续养猪。

十年前的一天，老乡陈生找到陈春强，问他要不要帮自己的公司养猪。陈生是官湖村的名人，1980年他考上北大，学费是村民们帮忙凑的。十几年前，陈生创办了广东壹号食品股份有限公司（以下简称"壹号食品"），开始养土猪。

陈春强答应了陈生，跟着一起养猪。过去，作为散户的陈春强一家人，累死累活一年能养100多头猪。如今，借助一套自动化硬件设备、一部手机和企业微信，壹号食品用数字化的方式打通了养猪全流程，发情、配种、妊娠等环节，全都可视化、可度量，土猪的产量和效益也变得更加可控、可优化。

到2020年，陈春强养的猪已经到了1400头，每头猪的利润也从100多元涨到了200多元，每年的收入有几十万元，买辆宝马车

"很容易"。

而当年靠凑学费上大学的陈生，也把壹号土猪卖出了一年超过20亿元销售额。陈春强家的别墅就是陈生出钱盖的。在那之前，陈春强住的还是漏雨的瓦房。同样的别墅在官湖村有250多幢，都是陈生给老乡们的"礼物"，共出资2亿多元。

四个人的养猪选择

2016年，刚刚毕业的李闯来到壹号食品工作，成为一名饲养员。他要负责和陈春强一起在猪场里喂猪，搬运、搅拌、喂食猪饲料，一切都要自己动手，一天要喂七八百头猪。为了方便喂猪，李闯的宿舍就在猪场旁边。

李闯是华南农业大学的硕士研究生，专业是动物遗传育种与繁殖。当他说自己想去猪场工作时，家人都觉得他是"头脑发热"，干不久。可李闯觉得自己在学校学了这么久的书本知识，就是"想去养猪试试看"。

进入猪场前，李闯从没见过那么多猪。一个猪场通常分为两条猪栏，中间是过道，每条猪栏又分成几个小隔间，每个隔间里有八九头猪。黑粉相间的猪挤挤挨挨，粪便、饲料和猪的体味混合在一起。

22年前，陆步轩做出了和李闯相似的选择。为了养家糊口，北大毕业的陆步轩卖起了猪肉。在他自己写的书里回忆，肉摊上苍蝇乱飞、血水横流、肉腥气刺鼻，只能穿着短裤、拖鞋站在铺里，手上是常年洗不净、后来就索性不洗的猪油。2013年，陆步轩受邀回到母校北大演讲，一开口就说："我是给母校抹了黑、丢了脸的人。"

跟陆步轩很不一样，陈生并不觉得丢脸，当时他在政府机关做公务员，晚上还会去广州夜市摆地摊卖衣服。他一天晚上卖衣服就能赚 30 元，而那时他当公务员一个月的工资才 80 元。

2009 年，两位北大校友碰上了面。陈生发现，陆步轩在精细化经营一个肉摊上，比自己强多了。"我一个档口只能卖 1.2 头猪，他能卖 12 头猪，是我的 10 倍。"陈生说。

陈生和陆步轩决定，一起好好养猪、卖肉，办出"北大水平"。于是，开办职业培训屠宰的"屠宰学校"，猪场上架自动化设备、落地数字化技术等，渐次在壹号食品公司里展开。

数字化养猪落地前的四道难题

在官湖村风光秀丽的养殖场里，先进的硬件设备一件件置办起来。猪吹上了"空调"——猪场增设了水帘降温系统，可以控制温度湿度；猪更准时准点吃上了饭——自动化喂料系统也逐渐普及。

跟陈生的公司合作后，陈春强很快发现这种规模化养猪带来的优势。非洲猪瘟严重、市场猪价大跌的时候，陈春生认识的许多养猪散户可以说"全军覆没"，而他几乎没受什么影响。在公司的严格要求下，每头猪从运出猪场到抵达广州的屠宰场，要换三台车，并且中间要隔离四五天，每天洗三次澡。

养猪的人都知道，猪养得少了不赚钱，养得多了市场价格波动大、风险高。规模化的管理大大提高了抵抗风险的能力，为了能像陈春强一样"发财"，官湖村的村民们甚至需要"摇号"养猪。

要办出北大水平，光靠规模化养殖和自动化的设备还不够。太多的不确定性，影响土猪养殖的效益提升。

好在这些自动化设备让李闯和陈春强的工作轻松了不少，可以有更多时间观察猪的发情、配种、产崽，甚至气息、食欲和心情，这直接关乎猪的产量、公司效益，最重要的是关乎村民们的收入。

例如，这头母猪是第几胎产崽、前几胎分别是什么情况，母猪的生产性能随着年龄增长而下降。要提高效益，需要更细致地关注到每一头猪的情况，数据越精准，养殖才能够越精细。

"把每头猪都照顾好了，产量肯定高。"陈生说。

第一个难题来了，这些关键数据流转在每个人的头脑里，农户、饲养员、技术员……如何汇聚？李闯已经从猪场的饲养员转为技术员，现在的主要工作是跟陈春强等养猪农户对接养殖端的数据收集和整理。一开始，他们用纸笔记录猪的情况，猪场里诸事不便，纸张和数据丢失时有发生；养猪农户的文化水平参差不齐，数据记录缺失、出现错误也是有的。遇到需要查看历史记录的时候，李闯还要再翻找以前的纸质档案。

壹号食品信息部负责人陈巍被选中解决难题，"每头猪都不一样，需要分群饲养。把情况差不多的猪放在一起，进行精准饲养、饲料配比"。解题思路有了，但选用什么工具，是第二道难题。

陈巍被委以重任，源于此前一次不错的数字化尝试。

起初，最困扰壹号食品和陈生的，是"审批慢"的痛点。陈生注重效率，但养猪这个行业往往要跑在一线，更多时候大家是泡在猪场里，而不是办公室的电脑前。"有哪个领导是背着个电脑到处去审批的！"结果是，审批流程时有拖延现象。

正是那时，移动办公兴起。2016 年 4 月，和壹号食品公司总部同处广州的企业微信，正式上线 1.0 版本。那一年，除了一些小公司，只有企业微信和钉钉可以给壹号食品提供平台支持。陈生曾规定，无论选择系统还是产品，必须是全国前三。而企业微信在开放性和产品体验的合作性上，都让这个选择变得更加容易。

使用企业微信后，移动办公功能提升了整个企业的效率，系统还可以设置限时审批功能，如果3小时内没有审批就会自动通过。并且，责任在谁，每个环节都显示得清清楚楚，陈生可以快速找到对应负责人解决问题。"跑的路程还是一样的，但是跑的速度不一样。"就内部管理效率而言，陈生看到了巨变。

第三道难题来自对过去路径的依赖。习惯使然，陈巍把内部原有的ERP系统从财务、考勤、采购等，延展到了养殖端，把养猪的数据也录入进来。陈春强和李闯把数据记录好之后，再通过统计员把猪的数据情况上传到电脑上。

问题依旧没有解决——第四道难题摆在陈巍和李闯面前，数据散落在各个系统之中，怎么用起来、怎么更快捷地调用和打通各个端口的数据，仍旧是困扰所有人的问题，包括陈生和陆步轩。

打造养猪"智慧大脑"

这时，企业微信才被想起。但一开始村民用不惯、技术员也用不惯。陈巍说："数字化必须靠一把手往下推。"他明白，数字化转型的最终目的，是要重构生产力和生产关系，最终创造出新的价值。

很快，企业微信的使用者从公司的领导变成了所有人，以及官湖村的1万多头猪。这回，李闯和陈春强拿着手机直接就把数据上传了，丢失、记录不全等情况大大减少，效果提升肉眼可见。公司的每个人都能实时看到上传的信息，包括陈生。前几天，他在系统里发现配送费用有少量上涨，立马把负责人叫过来问清楚。以前，这个数据的汇报周期大概是 1 年。

现在，壹号食品全国众多养殖基地、30 万头猪的数据，都已经被连通。它打通了壹号食品公司的财务、生产、采购系统，以及养殖端，让每一项数据都能清楚地显示在手机这块小小的屏幕上。水帘降温系统的温度、湿度如果发生变化，还会在手机上报警。每一头猪都拥有一个属于自己的档案卡，只要在手机上输入牌号，员工就能立刻了解猪的基本情况，甚至可以精确预测每头母猪的发情期和预产期。

猪场实时监控系统

规模巨大的猪场里，往往同时有几百、上千头怀孕的母猪。更关键的是，母猪产崽常常是在半夜，这时候养猪人已经睡下了。又或者，记错日子的情况也是有的。对壹号食品来说，是否精确地预知母猪产崽的时间，直接关系到产崽率和健崽率，以及整体的收益率。

陈巍算过一笔账：假如有 1 万头母猪，每头母猪一年可以多产

2~3个猪崽，一年就可以多产出2万~3万头猪。这就是数字化的威力。

"公司实行数字化管理，猪崽回来是多少天的、有多少斤、每一天喂多少料、什么时候打预防针，这些数据都要记录并上传到公司去。公司根据我们在猪场里实时登记、跟踪的数据，可以监控到养猪的全过程，知道每头猪进栏多久了、存活率有多高、该打哪支疫苗。"陈春强告诉我们。

动态的数据采集为高效养猪提供了智慧"大脑"，成为数字化养猪的新动力。陈巍说，上线企业微信之后，通过移动办公，数据实时采集，每个流程可视化、可度量，进而优化生产。多年优化培育的结果是提高了母猪年产胎次，窝均活崽数提高了8%~10%。这在养猪领域意义重大。

"壹号食品"企业微信界面

"以销定产"的智慧农业梦想

陈生和陆步轩萌生了更大的梦想，希望继续借助数字化的力量，再造土猪营销和用户服务新模式。于是，2021年8月壹号食品和企业微信、微盛达成战略合作协议，希望借助腾讯产业互联网的连接和技术能力，更好地触达、服务C端用户，包括社群、引流、吸粉，搭建私域流量，通过了解用户要什么，定制化生产，实现"以销定产"的智慧农业梦想。

2020年4月，由北大光华管理学院和腾讯联合发起的"数字中国筑塔计划"正式启动，征集数字化标杆案例，壹号食品首批报名加入。针对入选企业，北大光华与腾讯将开放双方在学术、产品及技术等方面的优势资源，助力企业加速数字化转型、梳理沉淀经验，为中国经济向高质量发展提供源源不断的创新动力。

55岁的陆步轩开始从"北大屠夫"变成直播间的"网红"，传播"屠夫"的数字化前沿理念。陈生也给旗下的壹号土猪门店下达了任务，员工们需要每天转发公司最新的营销信息。陈生的希望是，能拥有每个门店的客户信息，包括客户喜欢什么时间买肉、频率如何，每位客户分别喜欢什么部位的猪肉。他想用3个月的时间在几家试点门店把模式跑通，然后应用到其他几千家门店。

坐在广州的办公室里，拿着手机，看着企业微信里汇总来的各种实时数据和养猪报告，陈生和陆步轩笑着说："养猪也要养出北大水平。"陈春强喜欢穿着人字拖在村里散步，越来越多外出打工的年轻人选择回乡跟他一起养猪，"数字化养猪"让年轻人改变了偏见，甚至觉得这样还挺潮。90后李闯已经被湛江的海风和阳光吹晒得脸庞黝黑，他还想继续待在这里，在数字化的世界里，养猪这件事情有了更多挑战、探索的空间。

就像《新华字典》里的那个造句——张华考上了北京大学，李萍进了中等技术学校，我在百货公司当售货员：我们都有光明的前途。

注一　关于资料来源

壹号食品相关案例素材，来自 2021 年 7 月在广州、湛江等地对壹号食品创始人陈生、联合创始人陆步轩、信息部负责人陈巍、技术经理李闯、养殖户陈春强等，以及腾讯企业微信高级行业总监陆昊的专访和现场走访。

注二　关于壹号食品

广东壹号食品股份有限公司成立于 2004 年，是一家集育种研发、养殖生产、连锁经营于一体的国内知名大型食品企业。壹号土猪是广东壹号食品股份有限公司主导品牌，是目前国内规模名列前茅的土猪肉食品连锁品牌，也是目前全国最大的土猪肉终端销售公司，全国最大的土猪育种、养殖公司，建有完善的地方猪研究院、全国首家屠夫学校，并且建立了从研发、育种、养殖、屠宰、配送到销售的垂直一体化经营管理体系，实现了"从产地到餐桌"的全程质量监控。

微众银行
金融科技的"聚沙成塔"之路

"我种植葡萄两年了，累计投入了 50 多万元，主要用于大棚、葡萄苗、租地的费用，雇人、肥料、灌溉还没有计算在内。资金周转紧张的时候，有一段时间，我身上一分钱都没了。"湖南永州的马信（化名）回忆说。2018 年，他了解到微众银行的微粒贷，虽然只有 2000 元的额度，但起到了关键作用，帮他渡过了周转的难关，小额不求人，把事也办了。

生活在上海的张毅（化名）和妻子都是聋哑人，虽然平日吃穿不愁，但难免有手头紧的时候。比如这次，手机摔坏了要换，资金却一时周转不过来，他想起以前使用过的微粒贷。在手语客服的帮助下，张毅通过了审核，只用十几分钟，钱就到账了。"没多久就到账了！很给力！让我们可以体面地生活。"

在深圳上班的罗超（化名），看准了智能行车记录仪领域，决定离职创业。一开始，他把大部分注册资金都投入到研发创新上，而资金的不停消耗，让公司承担了很大压力。这时，他们接触到微众银行的微业贷。只需通过线上审核，15 分钟内贷款就能入账的特点，帮面临迫切资金需求的公司解了燃眉之急。

"为普罗大众、微小企业提供差异化、有特色、优质便捷的金融服务。"今天来看，这已经成为微众银行的特色。但镜头倒回 7 年前，看诞生之初的"非传统"和"强技术"，可以更容易理解这家非典型银行的诞生。

微众银行于 2014 年底获批，2015 年开始经营，亦是首家成立的民营银行。彼时，也正是金融科技大潮崛起的前夜。作为业内首家互联网银行、民营银行，如何通过科技手段去探索并解决传统金融的一些难题，不仅是微众银行在经营之初就面临的挑战，更是自诞生以来就肩负的历史使命。

也因此，微众银行自诞生之初，便携手腾讯云使用云计算技术打造了全国首创的分布式银行核心系统，客户可以按需使用、按量付费，避免了传统银行开业时需要投入巨量资金用于建设数据中心的情况。回头来看，如今微众银行 IT 运维户均成本只需 2.7 元，不到传统银行的 1/10。

成本降下来，风险控制住

"降本提效"四个字，在金融普惠和小微服务领域，说起来容易做起来难。

举个例子，对于一个只借几千元、借款周期只有一个多月的客户，像以前一样打广告肯定是不行的，银行如何低成本且有效触达？就算能够触达，只要他跑一次银行网点，或者贷款经理跑一次线下面签，利息收入就已经覆盖不了成本，银行该如何低成本满足其金融服务需求？放款后，又该如何控制好逾期和坏账（风控）？

一直以来，小额、分散、客群需求短平快、客群分布散而不均，都是普惠金融、小微金融服务的特点，也是难点。对很多传统商业银行而言，这是块难啃又没什么肉（利润）的骨头：获客和经营成本降不下去，不良贷款也压不下去。

然而，翻开微众银行历年来的财报，其主营产品"微粒贷"的个人借款笔均通常只有几千元，即便是面向小微企业的"微业贷"，借款金额通常也只有几万元，多则十几万元。

以微众银行 2020 年财报为例：“微粒贷”笔均借款仅为 8000 元，用户覆盖全国 31 个省（市、区）逾 560 座城市，约 80% 的贷款客户为大专及以下学历，约 78% 的客户从事非白领服务业或制造业，由于按日计息、期限较短，大部分个人借款使用周期仅为一个月左右；"微业贷"服务的民营、小微企业客户数量超 56.7 万，约为年初的 2.5 倍，全年新增"首贷户"达 10 万，其中超过 60% 的企业客户系首次获得银行贷款。

值得一提的是，在普惠和小微服务力度不断加强的同时，微众银行的不良率一直控制得不错，拨备覆盖率也一直保持在较高水平。在金融领域，拨备覆盖率是指贷款损失准备对不良贷款的比率，这个比率越高，银行的抗风险能力也越强。从数据来看，微众银行 2018 年不良率为 0.51%，拨备覆盖率达到 848.01%；2019 年不良率为 1.24%，拨备覆盖率为 444.31%；2020 年不良率为 1.2%，拨备覆盖率为 431.26%。

"去年（2020 年），我们服务的普惠型小微企业户数在整个市场份额中占比为 6%。"微众银行行长李南青曾在受访中透露，微众银行之所以在普惠、小微市场迅速"攻坚"，离不开腾讯提供助力的科技能力。

微众银行作为国内首家互联网银行，自成立之际就已选用腾讯云企业级分布式数据库 TDSQL 作为其核心交易系统的数据库解决方案，来实现高性能、低成本、高可用、可扩展的分布式银行核心系统架构。这不仅仅是去 IOE（IBM+Oracle+EMC），更开银行交易系统采用国产分布式数据库的先河，也迅速推动了普惠金融数字化运营和发展，成为小微金融服务实现"降本提效"的科技底座。

熬过创始初期的科技投入阶段和市场摸索阶段，微众银行在 2016 年开始扭亏，并在 2017 年开始迎来爆发式增长。

"从 2018 年底到 2019 年，全球范围内也有不少同业来我们行看 IT 成本。当时，我们的户均 IT 成本是个位数。"李南青在受访中提及，当业内看到微众银行现有的技术水平，以及技术带来的实际效益，对微众银行在小微服务领域的"降本提效"成果是认可的。可以说，微众银行在高速发展的 7 年中从未偏离自己的历史使命，在利用科技能力解决普惠、小微难题的发展路径上，已处于业界领先地位。

分布式技术与服务创新

普惠和小微，本就是一个兼顾广度和深度的业务。尤其在产业数字化发展加速的时代背景之下，普惠和小微金融需求的存在，是更为下沉而分散的。如果无法低成本获客，无法低成本放款并控制风险，普惠和小微的服务深度和广度就无法打开，更无法为各类产业发展的细枝末节及时"输血"。

要解决这一系列问题，需要控制的不仅仅是成本，还需要有一整套能快速适应市场需求变化、适应产品创新的机制和科技能力。普惠、小微虽然有很多共同的特征，但也有很多不同类型的客群和需求，并不是一个产品就能解决的。

实际上，这些年来微众银行的产品创新远不止"微粒贷"。

"我们在尝试一个新产品的时候，通常不会保证它一定能成功。微众银行这些年来，有 50% 的产品其实都被毙掉了。"李南青曾透露，微众银行之所以从一开始就不采用市场上流行的"大中台"模式，是因为微众银行的所有产品线都是更为垂直的"分布式"，在这种模式下，当你做 A 产品创新的时候，不会影响 B 产品，"分布式技术"支持下的"分布式商业"作战更为敏捷。

这也是微众银行自成立之初，就选用腾讯云企业级分布式数据库 TDSQL 作为其核心交易系统的数据库解决方案的原因。

时光倒回 2014 年夏天，腾讯金融云和 TEG（技术工程事业群）在微众银行开业之前，揽了个史无前例的活儿——不走传统路子，去 IOE，协助微众银行建立一套基于云计算技术和分布式数据库的底层 IT 架构。

这在当时是什么概念呢？IOE 在传统的很多金融或非金融领域都是基础设施级地位，银行线下网点开到哪儿，这些基础设施就配置到哪儿。但是，微众银行作为一家互联网银行，连接用户的方式没有线下网点，只有互联网生态，并且是一个完全不可预测的、海量的、开放的、高并发的互联网生态。要完成微众银行的全新基础设施架构，在业内没有先例。

因此，传统的 IOE 架构并不适合微众银行，微众银行需要的是一个能实现海量数据处理能力，能快速适应各种产品创新又互不影响，既有横向扩展又有纵深能力的核心系统。因此，一套基于云计算和分布式数据库的核心系统诞生了，微众银行也成为腾讯金融云的首个项目。

2021 年 7 月，从微众银行完成的一场断网演练也可看出，分布式数据库核心系统的优势之处。这是一场模拟单个数据中心完全不可用的灾难恢复演练——通过模拟城市级灾难事故，切断其中一个数据中心来检验提升系统恢复服务、数据安全保障能力而进行的运维活动。在数据中心失联后，微众银行的全量业务"秒级切换"到其他数据中心，真正实现了用户"零感知"，这在金融行业内尚属首次。

而后，在各业务产品稳定运行 24 小时后，用户流量顺利回切，模拟故障的数据中心重新投入运行，全程业务无感知。这证明了微众银行的核心系统架构真正实现了"多中心多活"。

一直以来，腾讯云图数据库 TDSQL 致力于进一步推动 AI、新硬件、云计算等技术和数据库技术的深度融合创新，并加大对数据库基础研究创新、数据库产学研合作生态的建设投入，充分释放领先技术的红利，助力国产数据库学术人才培养和技术创新生态建设发展。

此前，中标中国农业银行分布式数据库采购项目的腾讯云 TDSQL，已服务近半国内排名前 20 的银行，在排名前 10 的银行中服务比例高达 60%。

目前，伴随金融行业数字化的不断深入，腾讯云的金融领域客户也越来越多，腾讯云已不仅服务于微众银行，更有数百家银行、数十家保险机构和券商，以及数量众多的泛金融领域客户，与包括中国银行、建设银行、中国银联等在内的头部金融机构合作构建金融云平台。

数字金融助力产业数字化升级

与传统的服务方式相比，数字金融服务依托于 5G（第五代通信

微众银行 ECC（Enterprise control center，应急指挥中心）控制中心

技术）、人工智能、云计算、区块链和大数据等科技手段，明显缩短了金融服务的半径，也提高了金融服务的效率，更加强了金融服务横向覆盖、纵向渗透的能力。

数字金融的有效性，正不断被优秀的企业验证。而各类产业上下游的中小微企业、民营企业、个体户、个人的各类金融需求需要被看见、被触达，通过技术手段优化金融服务资源的配置，正是产业升级中非常重要的一环。

而要实现产业升级，资源起着决定性作用，金融资源更是最重要的"根基"之一。

以近年来备受关注的科创产业为例，初创期的科技类企业通常也是"轻型"中小微企业，传统的企业融资服务要看抵押物、看流水，绝非扶持科技类企业成长的有效路径。相比传统银行或财政产业基金的服务模式，数字金融服务更能体现效率和公平：数字化能力可以有效评估科创企业价值，没有抵押物也不影响融资服务，甚至可以投贷联动，科学解决中小科技企业初创期投入产出成果不匹配的核心问题。

不难看出，利用数字科技手段优化金融资源配置，解决好各类小微金融的需求，是助力产业转型升级的基础动能。

2021年4月，银保监会下发了《关于2021年进一步推动小微企业金融服务高质量发展的通知》，提出普惠型小微企业贷款全年要继续实现增速、户数"两增"的目标。

在数字金融助力普惠金融"降本提效"的赛道上，各类金融机构激战正酣。微众银行作为国内首家互联网民营银行，在不断探索小微金融服务有效路径的同时，其助力产业发展之路才刚开始。而腾讯金融云作为银行等金融及泛金融机构的技术"基建"厂商之一，进行数字产业化输出、助力产业数字化转型，才是未来的星辰大海。

注一　关于资料来源

微众银行相关案例素材，分别来自2021年2月3日中午在深圳湾科技生态园对微众银行党委书记、行长李南青的专访，以及2021年2月3日下午对微众银行基础科技产品部总经理卢道和的专访和现场走访。

注二　关于微众银行

微众银行（WeBank）于2014年12月获得由深圳银监局颁发的金融许可证，是国内首家开业的民营银行，致力于为普罗大众、微小企业提供差异化、有特色、优质便捷的金融服务。

小 结

毫无疑问，中国的农业现代化之路、中国金融业的普惠之路，仍有很长的路要走。

2019年，中国工商银行原董事长姜建清撰文称，世界金融发展史难免经历创新、禁锢、突破、发展的跌宕起伏，但总体上是朝着解决金融普惠的方向在走。所谓"普"和"惠"，针对的就是融资难、融资贵两大难题。

养猪也仍旧是一门风险极高的苦活累活，大幅度的价格波动背后，是供需关系的难以预测。近两年来，非洲猪瘟叠加新冠疫情，"猪周期"的价格波动更是经历一次又一次过山车，生猪批发价格已经从2020年7月的38元/公斤左右，下行到了2021年7月的15元/公斤左右。

好在，数字化这条全新路径已经开始全面延伸，两个有着数千年历史的古老行业正在被激活，服务民生普惠。伴随着农村数字基础设施建设完善、智慧农业落地、乡村公共服务及社会治理的数字化、数字普惠金融的推进……城乡一体化的数字经济大循环奔涌不息。

第五章

智慧出行
汇聚两场变革,激活产业之魂

开 篇

汽车产业的用户之变

"All our patent are belong to you"（我们的所有专利现在属于你们了）。2019年1月31日，"硅谷钢铁侠"马斯克在其推特上如此写道。这是2014年之后，马斯克第二次开放专利了。在2014年开放专利时，马斯克用了一个略显克制的环保主义观点，称"人类的未来取决于电动车"。不过，这次他不再隐晦，正式举起了向燃油车宣战的大旗：

"我们真正的竞争对手，不是那一小股非特斯拉的电动车，而是每天从世界各地工厂涌出的数量巨大如洪水一样的燃油车！"这句推特后面，马斯克配了一张经典游戏《零翼战机》（*Zero Wing*）的海报，上面写着："CATS：ALL YOUR BASE ARE BELONG TO US"［诸位的基地由我们CATS（游戏中的恐怖组织）接收了］。一贯的马斯克做派！

一半是海水，一半是火焰。就在马斯克高调宣战的时候，李斌迎来了人生的低谷。2014年11月成立的蔚来，虽然在2018年9月12日成功登陆纽交所，但随后一系列问题袭来，股价从上市时的6.25美元一路走低，到2019年下半年，近乎跌破1美元，整个市场弥漫着"蔚来资金链撑不过年底"的传闻。

至暗时刻,中国出行产业的变革之火并没有就此熄灭,反而自此触底反弹,迎来了一场大爆发:仅仅一年后,在众人的错愕中,蔚来股价飙升至 57 美元,总市值蹿升至全球车企第六位。此时,蔚来总共也不过卖了 5 万辆车!

"我们 2020 年一年的销量,相当于宝马中国半个月的销量,其实还在很早期,整个智能电动车都在早期。"李斌说,如果硬要说市值代表什么,可能代表的是大家的期望,"智能电动车代表未来的趋势,这已经很明显了。今天这个节点有点像 2004 年、2005 年互联网对传统产业的改变。"

2000 年创办易车的李斌,身上有典型的互联网人特性,从 2012 年到 2014 年,花了三年多时间思考细节。用他自己的话说,造车这件事的起点是"连接好、服务好用户":2012 年,移动互联网时代已经到来了,云连接万物等基础技术已经如火如荼,可汽车产业却还在用互联网出现之前的方式服务客户,这是个很大的问题;我们的愿景就是成为用户企业,让用户满意是我们的目标而不是手段。

蔚来由此起步。李斌认为,截至目前,蔚来发展的节奏与他的思考、预期差不多:不到 10 万车主(2020 年年底)的蔚来,其 App 却有 100 多万的注册用户。从这个角度看,蔚来并非典型的车企。

如果说从蔚来到随后的小鹏、理想,代表了出行产业变革的高光火炬,那么传统车企的电动化、智能化潜行,以及公共交通的数字化变革,就像散落在产业原野上的点点星火,等待有一天汇聚成面、燎原而起。

仙豆智能 CEO 谢平生对此有清晰的认知:"我们的数字化不能只局限于车内,我们真正要打造的是一个用户想要的好的出行体验。"职业生涯横跨多家传统车企、车联网企业的谢平生，在谈论这场出行产业数字化变革时，喜欢跳出"车"回归到"人"："不能过分强调说，上了车就是以车为中心，在家里就是以智能家居为中心，在办公室就是以智能办公为中心。其实，我们今天做的产品，本质上都是以人为中心。"

不过，谢平生认为，这场汽车行业变革首先是认知层面的挑战："一个产品，从想法酝酿到落地量产，最快也要一年半时间；这个产品上有 100 个功能，到报废的时候，99 个没人用过；这个产业的从业者，其竞争思路是，你用 8 寸屏，我就用 10 寸屏……这都是传统车企的思维，也成了他们正在面对的问题。"

"很多时候，我们会看到一些表象，但是成功的背后，原因是什么？比如特斯拉，如果追溯到十年前，看看他们怎么韬光养晦、一点一点走过黑暗时刻，就会发现，人家在认知层面，也就是他们的底层逻辑，和现在的传统车企是不一样的。"谢平生说。

"汽车未来会像乐高积木那样，随时开放接口，不断生长、不断迭代。"谢平生希望，自己很快可以见证这一趋势的到来。

从停车场到公交、地铁的用户之变

车企转与不转，出行产业所面对的用户，早已转变。比如，围绕停车这件事，基于数字化的新习惯已经悄然养成。2013 年起步的神州路路通公司，做了一款简单的 App，名字就叫 "PP 停车"。这款 App，界面上只有三个按钮：扫码付费、场内找车、找车位 / 车场导航 / 充电站。然而，它却服务着 6000 万注册车主。

"我创业的初衷，是能不能够解决车主找车位的问题。" PP 停车

CEO李剑从2012年开始思考停车这件事,很快他意识到,核心是要解决信息的连接问题,"大家都知道,所有停车场其实在2012年、2013年的时候都是孤岛,没有数据,没有触达,只有把这些地方连接起来,你才能知道这个地方有多少车位,把车位实时分享出来给到我们车主用户,我们才知道应该选择在哪里停车。"

"要把社会上所有的停车场连接起来,客观地说或者坦率地说,几乎是不可能的事情。"李剑带着8个人开始了这场挑战之旅。然而,他们很快就发现,信息连接并非全部,毕竟使用智能手机、移动支付已经成为用户习惯,做好连接这件事之后,真正的挑战才刚开始:"最大的问题出现了,由于我们一开始采用绕过设备厂家,在停车场闸机上加装控制器的方式,他们(设备厂商)趁我们不注意,把我们闸机控制器的线剪掉了。为什么?他们感觉到了威胁,感觉我们要取代他们。"

想明白了这个问题,李剑下定决心跟这些设备厂商合作:"虽然我是互联网公司,但我必须跟传统的设备厂商合作,这个行业他们已经耕耘了二三十年,几乎管理了中国每一个停车场。而我花了一年的时间才做了三个停车场,这三个停车场的服务还时断时续,无法延续。所以,我不应该只是作为一家互联网公司,想把他们干掉,而是跟他们合作。"

思路决定出路。与传统设备商合作之后,PP停车的效率真正实现了飞跃。2015年,在深圳购物公园停车场测试时,用户出场效率就从40秒压缩到了5秒。2015年到2017年,PP停车拿下了深圳90%以上的公共停车场。停车场使用效率得到了快速提升,2019年,仅深圳北站停车场,一天的订单就超过1.3万车次。

从连接走向激活,意味着巨大的空间,6000万注册车主不过是

PP 停车前行路上的一个小坐标。接下来，李剑面对的是 2.5 亿车主用户、8000 万个停车位缺口、近百万家停车场信息孤岛。2020 年 10 月，神州路路通获得了腾讯 2 亿元战略投资。

相比停车，公共交通的变化更加迅猛，"乘车码"已经成了所有城市公交、地铁用户的常备工具。数亿人每天刷码乘车，再也不用担心忘带公交卡、充值卡。到了一个新城市，也不需要到处寻找购卡、充卡的地方，更不必在离开这个城市时，想方设法去退卡。

回归原点思考用户体验

一直以来，包括车企、城市公共交通、轨道交通在内的所有出行领域的企业，擅长制造、规划，通过技术革新，提高出行效率。然而，这些企业不知道用户是谁，更别说针对性地服务好用户。

而以数字技术为核心的互联网公司，在连接用户、激活用户方面有先天优势，但是对传统出行产业的制造、规划并不擅长。当数字技术深度参与出行产业变革，出行产业的内涵、市场边界很快就被重新定义了。至此，人类历史上，两场本不存在交集的变革串联在了一起。

当第一个字母（文字）诞生，人类信息传递方式发生了变革；当第一个车轮诞生，人类出行方式发生了变革。原本，这两场变革沿着各自的路径前行。信息的变革相对简单，随着纸张、印刷术、计算机的出现，持续围绕着人的体验，改变人的生活。

出行的变革相对复杂，不过，始终都围绕着速度、效率前行。"总有那么一天，我们会赋予运输车难以置信的速度，而无须求助于动物！"当英国实验哲学家罗杰·培根（Roger Bacon）在 13 世纪喊出这句话的时候，他可能没有想到，整整过了600年，第一辆抛弃了动物的"无马之车"才真正诞生。

而更令他绝望的，可能是当这辆由德国人戴姆勒和迈巴赫研制的"无马之车"以每小时18公里的速度飞奔时，人群的反应是"令人窒息的"。这种偏见可怕到什么地步呢？培根的同胞们为了对抗这种"陆地怪兽"，搞出了全球第一部《机动车法案》（后被人嘲笑为"红旗法案"），明确规定：每一辆在道路上行驶的机动车，必须由三个人驾驶，其中一个必须在车前面50米以外做引导，还要不断摇动小红旗为机动车开道，并且速度不能超过每小时4英里（每小时6.4公里）。

历史就这么被耽误了：第一次工业革命中持续领先的英国，因为这部备受后人讽刺的"红旗法案"，错失了陆地交通变革、汽车产业变革。从蒸汽机到内燃机，发动机技术成了过去一百年里汽车工业乃至整个出行产业的"护城河"。

如今，我们站在了两场变革的"交会点"上。对出行产业来说，软件、数据、算力、先进传感器等，正在取代发动机、动力效能的统治地位，成为出行时代的下一条"护城河"。以汽车产业为例，麦肯锡报告认为，2010年，主流车型的软件代码行数（SLOC）约为1000万行，到2016年达到1.5亿行；目前，软件在D级车（或大型乘用车）的整车价值中所占的比例为10%左右，预计将以每年11%的速度增长，到2030年将占整车价值的30%。

两场变革交织在一起，也让产业玩家不得不重新回到原点来思考：出行这件事，对用户来说，到底意味着什么？是如李斌所言的"用户满意至上"（真正地连接、激活用户），还是如传统车企思考的卖得越多（效率越高）越好？

答案可能并不复杂，在 2021 年 6 月 14 日举行的 2021 资本市场沟通会上，上汽集团董事长陈虹公开表示："上汽集团向高科技和用户型企业全面转型。"半个月后，他在回答投资者问题时，再次表达了对未来的看法："与华为这样的第三方公司合作自动驾驶，上汽是不能接受的。这好比一家公司为我们提供整体的解决方案，如此一来，它成了灵魂，上汽成了躯体。对于这样的结果，上汽是不能接受的，要把灵魂掌握在自己手中。"

显然，用数字技术激活每一个用户，让用户出行体验更美好、更舒适，才是出行产业真正的灵魂！那么，如何激活这个产业之魂？我们通过走访蔚来、PP停车、仙豆智能、乘车码等案例，为大家解密星火是如何点燃的！

蔚来的线下展厅

蔚来
做好"用户企业"的第一性原理

"我们去年（2020年）的销量，相当于宝马中国半个月的销量。我经常和我的同事说，蔚来还是一个'小学生'。"面对蔚来一路走高的股价和市值，李斌貌似谦虚的表达中，潜藏着从容、坚定。毕竟，蔚来已经走过了至暗时刻，接下来，再多曲折不过是攀登山峰时远处飘来的过眼云烟。

当然，李斌的从容还来自产业一片向好的前景。2021年的春天，在软件定义、数据驱动、碳中和等崭新风口的加持下，似乎是在一夜之间，智能电动汽车全面爆发。未来瞬间来到蔚来面前，在全球市值最高汽车厂商排行榜上，创办不到七年的蔚来，力压美国通用、德国宝马、意大利法拉利等传统汽车巨头，排名前六。

"站在今天这个时点来看，整个产业还在很早期，但趋势已经毫无疑问了。如果今天还不看好智能电动汽车产业的未来，就有点像在2004年、2005年说互联网不会改变传统产业一样。"进入2021年，蔚来的快速发展也在支撑李斌的判断。在接受我们采访之后20天，2021年4月7日，蔚来第10万辆量产车，在江淮蔚来工厂正式下线。作为国内造车新势力的领军品牌，蔚来率先解锁"10万辆"关卡，并且车型均价超42万元，让"高端品牌"的标签实至名归。

不过，车本身恰恰是李斌最不想谈的部分，"像安全、性能、设计等,没有任何讨论余地,是每一家汽车制造企业首先要做好的本分,而用户经营和数据驱动才是决定谁能赢在新赛道上的关键"。

显然,作为连续创业者,创办易车的经历带给李斌的不仅是对趋势的判断,还有他对互联网、数据、用户的理解。2000 年做易车网之初,李斌就一直从用户和互联网的角度看待汽车产业的发展。到 2012 年前后,他有了非常清晰的洞察:汽车行业服务用户的方式,没有跟上这个时代。

在企业战略和价值观层面,彻底改变用户服务模式,深度升级用户服务体验,从而引领整个行业的发展变革,是李斌赋予蔚来"用户企业"这一定位的原因。

作为汽车产业里首个喊出这一定位的玩家,李斌也成功践行了这个定位。标志就是,2020 年 10 月,蔚来共卖了 5 万辆车,但蔚来 App 的活跃用户却已超过 100 万。这个活跃用户数,早已超过了很多纯粹的移动互联网公司。

激活用户,在李斌这里不是一句口号,而是起自基因层面的记忆。也因此,成功蹚出"激活用户"这条路的李斌,并不介意别的车企"借鉴"蔚来 App 的打法,因为那种"借鉴"只是术的层面。

"术的方面,我们的同行经常借鉴。比如,有一次我跟一个老总开玩笑说,能不能把 App 的颜色、结构里的说法稍微换一下。"李斌说,道的层面需要回到原点的问题上,那就是在提升效率、提升体验这两件事上如何平衡。只注重效率、不管用户体验,肯定是不行的,"就像互联网电商,电商网站很容易拷贝,但电商网站后面一整套运营体系需要点点滴滴、扎扎实实地去做。在这些之上,最重要的还是企业本身的价值观和它的使命。"

李斌认为,在道的层面,每个公司肯定都不一样。对他自己来说，答案很简单："一定是以人为中心去思考，以人的体验为出发点去思考，这是最核心的东西。我们做所有事情，第一条就是要回答：这件事情对用户来说，利益点是什么？有时候大家会过于考虑企业要什么、品牌要什么，但却忽略了用户要什么。所以，蔚来采取每一项政策之前，都会考虑现有的用户、不同类别的用户需求。"

"到我现在这个年龄，不太会去干那种做给别人看的事情，我希望说自己相信的话，做自己相信的事情。"对于蔚来，回望 2012 年前后那个雾霾弥漫的冬天，李斌非常笃定，"我觉得，首先，你要完全相信，企业必须变革，才能跟得上时代；其次，你要坚定地去做，才会有机会。"

大概，这就是蔚来激活用户、拥抱未来的至简大道。

如何做一家"用户企业"

"用户企业"的第一要义，是如何提升用户体验。

不同于传统车企大家热衷探讨车的各项指标，在蔚来，大家永远都在谈用户、数据、运营。"我们不怎么去强调说，这款车的某个指标你一定要做好，这是一个不需要讨论的事情。你不能说，做这款车就是为了做好安全、做好质量，这不是目的。我们真正要思考的，是用户买了这辆车之后，带给了用户什么不一样的生活。"

蔚来对外的话语体系，与传统车企由此产生了巨大的隔阂。"驾驶性能""加速性能""隔音降噪""安全指标""碰撞试验""造型"等，这些传统车企、车圈深谙的指标、热衷谈论的话题，蔚来很少去提。

无论公关还是广告，蔚来永远都在强调"用户运营"。围绕这

NIO House

点，蔚来落地了 NIO House、NIO Day、NIO Life，组织了露营社群、车主生日会、教育巡回论坛、篮球训练营、车主乐手招募、手工制作酥皮点心……

这导致了一个结果：多年来，诸多分析人士、观察者动辄就会说"蔚来和李斌不务正业"。"我不觉得是不务正业。"李斌并不认可这个看法，他认为传统车企讲的那些东西都是必须要做好的，那些只是基本的、应该具备的底线。

"大家说的那些事情，我认为当然应该这样，而且这些正业我都干得挺好的。你们可以去看，我们的车在各种排名里面，一直都是质量第一的。还有我们的安全性能，在 2020 年所有测试车里面，也是第一名。"李斌说。

笔者查阅的资料，也证实了这一点：在业界权威的 J.D. Power 汽车可靠性榜单上，蔚来排名质量第一；在 2021 年中保研碰撞成绩中，蔚来 EC6 取得 G 级好评，这是安全性评价的最高等级。2020 年

蔚来 EC6

蔚来营收约162.58亿元，2021年蔚来在研发方面的投入预计达到50亿元，占2020年全年营收的近1/3。截至2021年3月底，蔚来在全球累计拥有专利及专利申请已超过4200项。其中，核心的三电（电池、电机、电控）技术方面的专利已超过500项。

不同于传统车企，蔚来很少谈论这些。这也正是传统车企面临的问题，在一座旧大厦上盖新楼，必然会面临种种阻力。已经成形的思维模式、服务模式，决定了传统车企很难快速改变旧的做法，并且对于新的做法难免存有质疑。

对此，李斌的思考非常清晰："大家讨论问题容易对立起来，非要搞成二元法，好像蔚来用户服务得好，正业就做不好一样。"

不过，经历了2019年的至暗时刻、2020年的疫情挑战，李斌不再担心这点了。在他看来，他在2012年的思考是正确的，蔚来确定的发展方向、"用户企业"这一战略使命都是正确的。

"我们必须要把做这件事的必要条件与做这件事情的目的分清

楚。"李斌打了个比方，谈论建筑的时候，有的人关心的是地基打得是否结实，有的人关心墙体支撑的楼层够不够高，有的人关心装修是中式风格还是北欧风格，但是从他的角度来说，他认为做建筑最重要的一点是，这个建筑是为住进去的人建造的，"我要考虑这个人在建筑里面的感受，是否舒服、安心，是否感觉到一种好的氛围"。

"车也一样。"李斌认为，是从目标出发来看待问题，还是从手段出发来看待问题，区别非常大，"让用户满意是蔚来的目标，不是手段。"

这种区别大到什么程度呢？从销售端的变化就可以看出端倪。传统车企对一线销售制定的KPI（关键绩效指标）是"这个月卖了多少车""有没有完成指标""新增了多少用户"，这样的制度设计决定了销售只会把用户当成实现自己KPI的手段。

蔚来从制度设计上做了更改，将买过车的车主对销售人员的满意度作为KPI，并且将其和绩效薪酬强相关。为了适应这种变化，蔚来甚至把一线销售的称呼都改了，称作Fellow（"哥们儿"的意思）。

这种更改带来的变化极为明显：传统车企的销售在卖完了车之后，对车主爱搭不理，因为他的KPI已经完成了，短期内车主对销售已经没有价值；蔚来的销售则不会这样，他会持续与用户见面、为车主服务。这就是为什么笔者搭乘过二三十次蔚来车主的顺风车，没有任何一个车主说蔚来的服务不好。

在制度层面，这种区别还要更加明显。这一点上升至企业价值观之后，影响到日常行动，李斌身先士卒带头践行：每天，李斌都会在用户群里发积分红包；每个周末，李斌都会与用户见面；听说车主的妈妈要过生日，李斌还会发一段视频表达祝福……

在李斌看来，"用户企业""用户体验至上""让用户满意"这些话说起来很简单，践行下去却很难。而且，从根本上看，这不是一个技术问题，而是一个意识问题，"很多人、很多企业会问，让用户满意有没有什么秘诀？好像找到一本秘籍，就能怎么样一样。我认为没有这样的秘籍，更多是意识层面的问题。如果你的意识能改，那就能坚持下去。就好比说，我们都知道锻炼对身体好，但是只有很少人能够坚持锻炼，这跟用什么工具、秘籍无关。"

在李斌的意识中，跟蔚来用户谈谈心、聊聊天、了解一下他们的想法，大家像朋友一样相处，他没有什么负担，用户也没有什么负担，这就是蔚来定义的"用户企业"的日常状态。

用户体验才是唯一的真问题

意识转变、制度性保障、价值观践行，只是思考的原点，想要将"用户体验"这件事情做到极致，更重要的还得落到"用户需求"这一原点。这恰恰是更难的步骤。

一个有趣的现象可以证明这一点有多难。自特斯拉起步之后，过去十几年，到底电动车应该采用"充电模式"还是"换电模式"，各界争论不休。特斯拉一度试图在北美市场推动"换电模式"，但是遭遇"滑铁卢"之后，果断选择了"充电模式"，并且做出了新的配套措施，研发充电桩、充电站，并且放出豪言，要将充电站的密度建得像加油站一样。

据此，国内诸多车企、专家以及舆论，在对待"充电""换电"的技术路线选择上，会天然倾向于论证"充电模式"的可行性、商业前景、技术成熟度远大于"换电模式"。而李斌和蔚来恰恰选择了看起来非常累赘的"充电模式""换电模式"并行，既做充电桩又大量兴建换电站，这也成了他经常要面对的"灵魂拷问"。在 2019 年蔚来至暗时刻，"模式选择"成为各方唱衰蔚来的原因之一。

过去几年，李斌很少直面这个问题，只是坚持做了下来，直到 2021 年"拷问"消失，才独家回应了这个问题："其实，我们想得很简单，我不争论到底充电好还是换电好，用户有不同使用场景，我们就需要想清楚，不同场景下用户需求到底是什么？针对不同场景下的用户需求，我就用不同的方式服务用户。"

这背后，隐藏的是李斌对"用户企业"第一性原理的思考。与大家熟知的马斯克第一性原理[①]不同，李斌认为，大家思考问题的出发点不同，必然导致不同的结果。对蔚来而言，作为一家用户企业，思考的出发点是用户的需求。

所以，基于用户需求这个出发点，蔚来做了众多在外界看来都是累赘的事情。蔚来有一个能源服务部门，搭建了能源云，开发了一个叫"加电"的 App。加电定位于电动汽车充电出行平台，把全国所有的充电桩以及蔚来的换电站都在这个 App 上展示出来。

不只是展示充电桩、换电站，这个 App 还可以把用户的真实点评同时展示出来。比如某个桩到底能不能充电，充电的速度大概会是什么样。为什么要展示这些？因为充电桩经常有死桩的情况，用户去了以后发现不能充。

展示桩的位置、桩的可用性，用户是否就能满意？答案是依旧不够，后面还需要解决支付打通的问题，以及各种型号、不同企业之间的壁垒打穿的问题。

---

① 在数学上，第一性原理指的是从公理和最基本假设出发；在物理及其他自然科学中，第一性原理指的是从不能通过其他因素推论得来的因素出发进行的，无任何经验参数的条件下的计算，狭义上也可被称为"从头算"（ab-initio）。

蔚来不得不去做辛苦的事情，一家一家企业去谈。最终，基于移动互联网、云端连接，在加电App中，用户只需要一个账号，就能够使用不同公司运营的各种桩，完成从查找到支付离开的全过程，而不必非得开通那么多不同账号。

截至采访时（2021年3月），加电App已经接入近40万根桩。除了蔚来用户，每天还有十几万其他车企的用户使用加电App，做各种各样的加电。

基于用户需求来思考，回到"路线选择"问题上，答案就很简单了："你家里如果可以装充电桩，我一定把你的充电桩装好；如果你想去别的充电桩充，我一定是接得最广、最全的一个充电网络。我既会去铺充电桩，也会做换电站。"

显然，用户需求如此，那就不能考虑"累赘""重复""成本"的问题，而是要将用户需求的满足做到极致，这与前面提到的"用户运营"策略一脉相承。李斌打了个比方，很多人会觉得拜访客户是个累赘，是一种负担，耗费时间成本，"可如果是拜访朋友，你还会觉得这是个累赘吗？不会的，你会觉得这是一件挺开心的事情"。

李斌认为，愿意为此花费时间、投入成本，恰好验证了"用户需求是否被作为一个人、一个企业的核心"，"其实对一个人、一家公司而言，什么事情重要？我认为最好的评价和标准，就是他花的时间。每个人每天都只有24小时，你的时间花在哪里，就证明这件事情对你重要。"

李斌还发现，相比传统车企，将用户需求作为思考原点，恰好是蔚来的优势所在，因为转变思维、贯彻落地太难了。

在蔚来内部，很有意思的是，那些业绩好的员工，大部分都是一毕业就加入蔚来的。有些传统车企的销售冠军，加入蔚来后，反而需要较长的适应过程。所以，蔚来在2021年加大了对应届毕业生的招聘和培养。对于这些新人，蔚来有一个专门的称呼，叫作Sparks，火花的意思。他们代表了一种崭新的力量，经常能让人眼前一亮。

不仅是销售端，业务侧也同样如此。传统车企的人会觉得，没有工厂怎么可以生产汽车呢？而基于用户需求来思考问题的人会觉得，在生产汽车这件事情上，工厂只是我达成目标的一个手段，自己没有工厂，可以找人合作，只要投入资金、培训好工人、做好管理，这个事情就成了。

"造车肯定是难的，供应链复杂、测试严苛、质量控制细致等。但是制造能力本身，也就是产能方面，是不难的。只要有需要，可以很快有工厂，很快把它生产出来。"李斌说。

"蔚来也没有做得多好，我不觉得我们已经及格了。说得更直接一点，我们和同行比还不错，但离我心目中的状态还有一定距离，蔚来还在自己前进的路上。"李斌说，"服务用户是没有止境的。"

"激活用户"是一连串的事情

从"用户体验"这一原点出发，必然引出新的问题，那就是"运营效率"——这显然迥异于传统车企所提的"生产效率""销售效率"。

传统车企的模式是先把汽车生产出来，然后卖给经销商，经销商再卖给用户，这个周期需要两个多月，还不包括前置的零部件备货周期。蔚来做过试验，从用户下单到汽车交付，这个时间最快可以缩短到两个星期。

两个月 vs 两个星期。这就是 OTD（order to delivery，按订单生产），也可以叫作 C2M（customer to manufacturer，用户驱动制造）。这件事情的意义在哪里呢？大大减少了资金的无效占用，大大降低了库存周期，大大提升了产业运行效率。

"未来一定是按订单生产。比如说，一个上海的用户从你这里定制这辆车，把这辆车交付到他手上的时间会越来越短。这背后，是要把整个供应链打通，包括从供应链、智造、物流、用户的连接，甚至是上牌等事情，也都要连接在一起。"李斌说。

为了做到这一点，蔚来彻底改变了传统车企的 ERP 体系，"其实汽车行业在整个 ERP 应用方面算是非常早的，SAP（思爱普，企业软件供应商）最主要的客户就是汽车行业。但是，ERP 的优势是做制造管理，今天已经不太行了，没法实现 OTD 的模式"。

为了解决传统 ERP 的短板，蔚来在腾讯云的基础上，搭建了从供应链到制造，从物流到用户的业务网络。"技术的连接、云的连接形成的业务网络，让整个销售模式可以灵活机动。如果还是用原来的销售模式，是不可能做到这一点的。我们的业务流程改了，才会有这样一个新的架构。"李斌说。

内部管理方面，同样如此。对于智能电动汽车的六大核心技术——包括"三电"系统的电机、电控、电池，"三智"系统的智能网关、智能座舱、自动辅助驾驶系统，蔚来都通过独立正向研发，全部拥有自主知识产权。因此，蔚来的团队遍布全球，国内有上海团队、合肥团队、北京团队，海外有牛津团队、慕尼黑团队、硅谷团队，还有 40 多家直接向总部汇报的区域公司。

怎样把如此分散的团队纳入统一的管理体系？早在 2015 年，蔚来就依托企业微信，开发了内部的整体业务流程体系，所有工作流程、评价体系、生产情况，以及吐槽平台都在里面。

这里面还有个858电台，每周二、周四、周六上午8点58分，各地同事会分享自己的感想，每次8~10分钟。李斌每次都会收听，在他看来，企业管理需要刚性的约束，更需要软性的碰撞。某种程度上，这些感性的、温暖的、很难被量化的东西具有更加强大的力量。

软性的东西在李斌身上，处处存在。比如，他认为，相比传统车企，蔚来走了一条很好走的路，原因在于，传统车企的很多业务流程都已经固化。可是，数字化转型首先是业务流程重构，要一边做业务一边做改造，相当于将一幢50层的高楼改建为智慧楼宇，顶上加盖20层出来。这个过程中，人还要正常办公，其实难度很大。而新创一家公司，相当于在一块空地上建楼，可以按照最合理的方式去规划。

同时，他也认为，相比很多国家，在中国做这件事是非常幸运的，"不管产业基础、人才基础，还是政策基础，中国都具备"。

"人生的境遇，很多东西交织在一起，就有了蔚来。"李斌解释，蔚来的寓意是"Blue Sky Coming"，致力于创造更美好、更可持续的明天。蔚来的标志，由两部分组成：上半部分代表天空，象征开放、未来与目标，这是蔚来的愿景；下半部分代表延伸向地平线的路面，象征方向、行动与向前的动力，这是蔚来的行动。

当蔚来第10万辆量产车下线时，特斯拉CEO马斯克在微博发消息，恭喜蔚来："这是一个艰难的里程碑。"

其中冷暖，甘苦自知。"如果说蔚来取得了一点什么成绩，那就是我们没有像很多人担心的那样，特斯拉一进中国我们就完蛋了。不光我们没有完蛋，我们的其他同行也没有完蛋。这证明中国公司还是有能力依托中国市场参与全球竞争的。"李斌说。

> **小 结**
>
> 　　汽车产业的数字化，在李斌看来，最重要的有三点。
>
> 　　第一，在数字化技术和工具方面，不管是腾讯云还是企业微信，都提供了很好的基础。但如果企业没有重构业务流程，而只是用新技术满足老流程，那就是换汤不换药。
>
> 　　第二，有一定规模的企业都应该在企业内部，按照重构的业务流程，基于新的基础设施，开发适合自己企业的流程软件。直接在市场上买一套解决方案，看上去简单便捷，但这套方案很难变成企业机体的一部分，因此也就缺乏生命力。
>
> 　　第三，必须跟踪技术发展趋势，互联网思维不是个技术活，更多是一种意识的转变。大家都知道锻炼身体好，但究竟有多少人能坚持锻炼身体呢？这方面没有什么秘籍，只要发自内心地相信，企业必须变革才能跟上时代，就肯定有机会。

注一　关于资料来源

　　蔚来相关案例素材，来自 2021 年 3 月 18 日下午在上海万象城蔚来中心对蔚来创始人、董事长、CEO 李斌的专访以及现场走访，2021 年 1 月 21 日上午在深圳万利达科技大厦对腾讯云智能制造总经理梁定安的专访。

注二　**关于蔚来**

蔚来是全球化的智能电动汽车品牌，于 2014 年 11 月成立，旗下主要产品包括蔚来 ES6、蔚来 ES8、蔚来 EC6、蔚来 EVE、蔚来 EP9 等。蔚来致力于通过提供高性能的智能电动汽车与极致用户体验，为用户创造愉悦的生活方式。

2018 年 9 月 12 日，蔚来汽车在美国纽交所成功上市，股票代码"NIO"。

蔚来全球总部位于上海汽车创新港，主要承担整车研发、制造运营、营销和服务职能。蔚来中国总部位于合肥经济技术开发区，是国内核心业务总部。

蔚来全球软件研发中心位于中国北京，蔚来全球自动驾驶研发中心位于美国硅谷核心区的圣何塞，蔚来全球造型设计中心位于德国慕尼黑，蔚来全球极限与前瞻概念研发中心位于英国牛津。

仙豆智能
三"智"融合，告别被动服务

如果说新势力造车是从平地重新建设一座智慧化高楼，那传统车企呢？要在已经有 50 层的老楼上，加盖 20 层。这个过程中，老楼要继续办公，还要给老楼加入智能化，难度可想而知。

仙豆智能想助力传统车企做的，恰恰就是这件事。仙豆智能 CEO 谢平生对此有清晰的认知：就像中国的数字化转型，最终是要回归到提升人的生活品质、改变生活方式、提升中国经济的增长质量等维度上的，"我们的数字化不能只局限于车内，我们真正要打造的是一个用户想要的好的出行体验"。

职业生涯横跨多家传统车企和车联网企业的谢平生，在谈论这场出行产业数字化变革时，喜欢跳出"车"、回归"人"："不能过分强调说，上了车就是以车为中心，在家里就是以智能家居为中心，在办公室就是以智能办公为中心。其实，我们今天做的产品，本质上都是以人为中心。"

"车企数字化"必须完成三大变革

传统车企在整车的开发流程上：一般的新车型需要 24 个月，合资品牌需要 30 多个月。虽然有的公司已经将这一周期压缩到 18 个月，但一个产品从想法酝酿到落地量产，最快也要一年半时间。

"实在太漫长了。"在谢平生看来，传统车企需要升级的地方太多了。比如对产品的定义，传统车厂习惯掰着指头比功能、比性能：你有8个功能，我有9个，比你多一个，所以我更厉害；或者你的屏幕是12寸，我的屏幕只有8寸，所以你更厉害。

问题是，这些功能、性能，有多少是用户真实需要、真的会用上的？"一台车，卖出去的时候有100个功能，等车子报废的时候，这100个功能大部分根本没人用过。"谢平生说，"在产业互联网阶段，这样的产品定义肯定行不通。"

不过，谢平生认为，在传统车企必须改变的事情中，产品变革顶多排第三，排在前面两位的事情应该是认知升级和组织变革。

"表面上，对标特斯拉、造车新势力，大家可能都知道要转型，但是很多人看到的只是成功的表象。"谢平生认为，要看清这场出行变革的本质，需要追溯特斯拉是如何从十几年前一步一步走过黑暗时刻的，去理解他们做这件事的底层逻辑。

"人家做这件事情的底层逻辑和传统车企的底层逻辑是不一样的。传统车企的底层逻辑是以制造能力为核心竞争力，所以是重资产、建厂生产的模式，而对研发能力、设计能力则没那么重视，有的甚至没完全建立起来。而特斯拉是以智能化、智能驾驶为底层逻辑去搭建系统、搭建底层能力的。"谢平生认为，面对数字化，很多传统车企突然发现，能学习的对象只剩特斯拉了，这本身就是一件很窘迫的事情。更别说很多人在认知层面，并没有理解透特斯拉成功的原因、底层逻辑到底是什么。如果看不明白，自然连抄都抄不好。

认知升级固然需要足够的动力，而组织变革更是"伤筋动骨"

的大问题。

"要让在工厂里待了十几年、二十几年的人快速迭代是很难的。"谢平生说，自己在比亚迪做了 11 年，本来觉得已经够久了，后来到了其他车企，发现干了 20 多年的人比比皆是，"你不可能跟这拨人说，搞数字化、增加新的智能功能、增加新的业务，然后他们就把这些事情给做好了。不是说他们不听老板的话，也不是说他们不愿意去做，而是他们根本不知道怎么做。"

组织变革的实际阻力远大于认知变革，这不是老板说动就能动，或者组织结构变革方向设计好了，大家就能照做的，而是要改变人。包括重新招聘的人员，也存在一样的问题，他们基本上都属于原有的领域。比如说做发动机、做 ICU（instrumentation control unit，仪表控制单元）的，如果问他们面向未来的数字化转型该怎么做，大部分人都不知道，或者说，他过去的那些所谓经验不能直接拿来用。

"在未来，汽车要像乐高积木那样，随时开放接口，不断生长、不断迭代。这是很多传统汽车行业的人很难想象的。"在谢平生看来，"人才荒"是目前整个行业面临的现状，而这也是组织变革里面最核心的挑战。

出行要回归以人为中心

要完成三大变革，离不开互联网。谢平生认同互联网的很多打法，尤其是中国过去十多年在消费互联网中积累的成功经验，但并不认可很多企业试图将互联网的一切直接搬到车里面的做法。

"互联网的东西直接搬到车里面肯定不行。很多车企到现在还不能真正理解应用上车的价值。"谢平生举例说，很多车企照抄特斯拉，弄了个大平板电脑放到车里，还下载了各种应用App，但用户用不用、怎么用，他们不会去考虑。

"如果要提炼一个原则，对车企来说，它需要的是一个宏观的原则。比如说，以人为中心的全面的数字化转型。"谢平生认为，以人为中心其实很简单，就是要承认出行场景本质上只是生活的重要组成部分，并不是说上了汽车就是以智能汽车为中心，在家里就是以智能家居为中心，在办公室就是以智能办公为中心，"不管在车里、在家里还是在办公室，归根结底都是以人为中心。"

不过，回归到用户这个本质，说起来简单，做起来却很难。比如，车内的交互到底要不要用按钮、旋钮？就算特斯拉已经用彻底的"触控+语音"模式做了示范，但传统车企要实现这一点，仍然困难重重。

谢平生讲了个小故事：他们曾经想去掉一款合作车型中的某个旋转按钮，因为语音交互完全可以取代这个按钮，但是工程师坚决反对，直接说"我担不起这个责任"，最终，这个按钮的事情闹到了总经理层面才得以解决。

车内空间交互的变化正在从二维的世界交互向三维的世界交互演进，屏幕的触摸、物理按键的触控，还有声音、表情、眼球，这些构成了三维的世界交互。"比如，你想听周杰伦的《双节棍》，用旋钮可能得翻到猴年马月，但是用我们现在的语音搜索，说句话就行。"

道理虽然简单，但是对传统车企内部的工程师来说，做加法总比做减法要容易，哪怕做减法是可以降低企业成本、提升用户体验的。因为降成本、提升用户体验不是他的考核目标，但是做错了，挨骂却是实实在在的。

尽管困难重重，仙豆智能还是站在用户的角度思考，坚定引入了车内语音交互，因为说话是人的本能，不会写字的人也会说话，所以车内语音交互自然而然会成为接下来每台车的标配。不仅如此，仙豆智能正从体验、人机接口、计算、数据、感知等方面入手，打穿智能座舱与智能驾驶的产品与技术壁垒，打造有温度、好玩、可炫耀的物联网汽车。

除了这些，仙豆智能还努力让与出行有关的服务变得更加智能。

既然智能驾驶逐渐将驾驶员转变为乘客，那么如何以人为中心，提供息息相关的智能服务，就是仙豆智能要着力解决的问题。比如，用一个账号体系对接腾讯的账号信息，原本你正在腾讯视频中观看的一部电影，到了车内可以断点续看。

断点续看的意思就是你之前在手机上看到了 37 分 25 秒，只要你用同一个账号登录，车子里就可以从 37 分 25 秒处继续播放。不仅仅是为了对接而对接，仙豆智能还通过对用户的行为判断和数据分析，不断改进用户体验。

微信登上长城哈弗多款新车

"智能化产品，本质上是要可成长、可快速迭代、可以短平快上线。"在谢平生看来，传统车企向智能出行服务商转型的终极形态就是智能座舱、智能驾驶、智能服务的"三智"融合。而这，可能也是中国自主品牌取胜的关键：

"特斯拉智能化发展得很好，但面对中国的互联网环境、中国的消费者，在出行生态的智能化上就没有那么了解了，所以，这会给中国的自主品牌、中国的车企一个变道超车的机会。"

小 结

中国是世界上最大的汽车消费市场。数字技术让每个人、每辆车、每条路都成为一个"数字节点"，构成了未来智慧城市的关键要素。每一个用户的习惯和需求的变化，最终汇集为汽车产品和出行产业进化的动力。

中国汽车产业具备一定的制造能力，但在研发能力、设计能力等核心竞争力方面却极为匮乏。扑面而来的智能汽车时代，让中国汽车产业依托领先的产业互联网技术，迎来极为难得的变道超车机会。中国汽车产业能否把握机会，且让我们拭目以待。

注一　关于资料来源

仙豆智能相关案例素材，分别来自 2020 年 12 月 28 日下午在上海新虹桥大厦对仙豆智能 CEO 谢平生的专访以及现场走访，2021 年

1月21日下午在深圳万利达科技大厦对腾讯智慧出行战略设计总经理沈沛的专访。

注二　关于仙豆智能

仙豆智能（Bean Tech）成立于2019年3月，是一家面向万物互联时代专注于出行场景的科技公司，致力于汽车行业的数字化升级。

2019年7月，长城汽车、腾讯和仙豆智能三方达成战略合作，并推出了Fun-life智能网联系统。

2020年7月，仙豆智能"智能网联研发总部"作为2020年世界人工智能大会重点项目签约，正式落户上海。

▎PP 停车
从连接停车场、闸机到激活用户

起步于 2013 年的神州路路通公司，做了一款简单的 App，名字就叫"PP 停车"。这款 App 界面上只有三个按钮：扫码付费、场内找车、找车位/车场导航/充电站。然而，它却连接、服务了 6000 万活跃车主。

不仅如此，面对着 2.5 亿车主用户、8000 万个停车位缺口、近百万家停车场信息孤岛，PP 停车打通信息连接、激活全量车主用户的空间巨大，6000 万注册车主不过是 PP 停车前行路上的一个小坐标。

2020 年 10 月，只有 30 名员工的神州路路通获得了腾讯 2 亿元战略投资。

从打破信息孤岛的连接起步

"我创业的初衷，是想解决车主找车位的问题。"PP 停车 CEO 李剑从 2012 年开始思考停车这件事，他很快意识到，核心是要解决信息的连接问题，"大家都知道，所有停车场其实在 2012 年、2013 年的时候都是孤岛，没有数据，没有触达，只有把这些地方连接起来，你才能知道这个地方有多少车位，把车位实时分享出来给到我们车主用户，我们才知道应该选择在哪里停车。"

"要把社会上所有的停车场连接起来，客观地说或者坦率地说，几乎是不可能的事情。"李剑带着 8 个人开始了这场挑战之旅。

"挑战之旅"起步于深圳的三个停车场：宝安互联网产业基地、彩悦大厦、龙珠医院。2013 年前后，智能手机全面铺开，二维码使用习惯也已养成，因此测试的效果非常惊人：扫码开闸，进场出场都非常顺畅，尤其是出场时间，从 40 秒缩减到 10 秒，效率得到了极大提升。

然而，产业互联网与消费互联网的差异点很快就显现出来了。在很多交易、支付场景中通行无阻的"智能机＋二维码"的组合落到停车这个场景中，问题重重。还没来得及开心的李剑，一个月内就被重击了"三拳"：第一拳，晴天的时候，阳光非常猛烈，二维码会反光，识别率、识别速度双降；第二拳，下雨天，雨点很大的时候，在车里也扫不了二维码，开窗就得挨雨淋；第三拳，也是最严重的情况，如果手机没电了，或者没信号了，根本扫不了码。

不过，"三拳"都不致命，给出致命一击的是"人"。

"扫不了码，只能跟值班管理员商量，我交现金，能不能放我出去？管理员义正词严地拒绝，扫码进去必须得扫码出去。为啥？就不能灵活变通一下吗？不能。"李剑说，站在值班管理员的角度思考，道理也很简单：首先，后台没有这辆车的出场记录，那是有问题的；其次，以前管理员收你 5 元，不给你停车票，他就把这 5 元放到自己口袋里去了，现在，当越来越多用户选择线上支付，他的利益受损了，他一定要让车主为难。

为了解决这个问题，李剑第一时间想到了自己在闸机里装控制器。但是，设备厂商在维护的时候，发现自己的奶酪被别人给动了。

于是，他们直接联系采购设备的物业公司说，"PP停车在我的闸机上做了手脚，我不负责维护了"。

没等李剑想好怎么解决这个问题，最大的问题出现了，"设备厂商趁我们不注意，把我们闸机控制器的线剪掉了。我们的闸机经常坏，经常进不来或者出不去了，控制器被设备厂商的维护人员破坏了。为什么？因为他们感觉到了威胁，感觉我们要把他们取代"。

在利益发生根本冲突的情况下，是没法合作共赢的。思前想后，李剑下定决心，去跟生产闸机的传统设备厂商合作，"虽然我是互联网公司，但必须跟传统的设备厂商合作，这个行业他们已经耕耘了二三十年，几乎管理了中国每一个停车场。而我花了一年时间才做了三个停车场，这三个停车场的服务时断时续，无法延续。所以，我不应该只是作为一家互联网公司，想把他们干掉，而是跟他们合作"。

在深圳的富士康和华为周边，密密麻麻散布着大大小小的闸机厂商，中国几乎所有停车场里使用的闸机都出自这里。设备厂商在这个领域已经有了非常稳定的利润空间。凭什么PP停车要来合作，设备厂商就必须答应呢？

李剑找到中国最大的闸机生产商捷顺科技，跟董事长深谈了几次，也跟对方高管分享过几次。后来，人家告诉他："你这个想法挺好的，我们决定自己做，要么你来我们这里上班吧。"

所幸，命运在关上一扇门的时候，会同时打开一扇窗。虽然被行业第一名拒绝，但行业第二名富士智能愿意跟PP停车合作。2015年，PP停车拿下了深圳第一个标杆停车场，在深圳购物公园停车场测试时，用户出场效率就从40秒压缩到了5秒，真正实现了移动支付和停车出行的紧密结合。

从 2015 年到 2017 年，PP 停车与行业第一名之外的全国最大的 15 家设备厂商合作，拿下了深圳市 90% 以上的公共停车场。停车场使用效率得到了快速提升。2019 年，仅深圳北站停车场，一天的订单就超过 1.3 万车次。

在那个时候，李剑和团队确定了一个影响深远的策略：只做连接器，不侵犯设备厂商的利益，跟随他们一起把深圳经验复制到全国。而这个决定本身，也逼着他们走上了一条真正的"激活用户"之路：只有让用户自愿用起来、用得好，他们才能走得远、走得稳。

深圳湾公园停车场接入 PP 停车

让人用起来，还要用得好、可复制

2020 年，被《人民日报》、新华社等中央媒体广泛报道的深圳罗湖区共享停车平台，就是由 PP 停车搭建的。

罗湖区是深圳最早发展的区域之一，20世纪80年代就开始建设，老旧住宅小区较多，里面还有著名的"二线关"①。当地人有个说法，叫作"英雄难过二线关"。为什么难过？因为地形乱、道路乱、常年堵车，想找个停车的地方难上加难。

2018年前后，为了抢车位，发生过几次剧烈冲突。东晓街道独树社区就想解决这个问题，由区里的人大代表牵头，跟文锦北路上的水贝国际珠宝交易中心一起搞错峰停车，成功解决了该社区11个小区600多个夜间停车位的缺口问题。

这件事情做好之后，深圳当地媒体进行了报道。罗湖区决定在全区推广这个做法，但政府不想大拆大建，也没有多余的资金投入，只希望能打通区内所有停车信息，通过信息调配实现错峰停车。

街道不具备这样的技术能力，找到了PP停车。从2019年春节前达成合作协议，到2020年3月平台上线，共享停车平台将罗湖区10个街道的450多个停车场连在一起。截至2021年3月，已有83个商业楼宇、12个工业园区、5家医院、4所学校及207个物业小区加入罗湖区共享停车平台，接入车位数约3万个。白天和夜间可分别提供4660个和7705个共享停车位。

现在，车主到了罗湖区之后，扫一下遍布大街小巷的二维码，就知道哪里有停车位。如果是路边停车场，直接开过去就行。

为了进一步释放车位使用效率、解决出行停车难题，基于PP停车搭建的共享停车平台的"预约系统"，还可以直接预约区域内的小区停车场。比如，外部车主预约罗湖区幸福里小区的停车位。信

---

① 最早创办经济特区的时候，国家设立的边境管理区域线，用隔离网和检查站进行分隔的区域。

罗湖遍地的二维码，帮助用户更提前"预约停车位"

息显示，小区里有10个对外开放的车位，从外部车主进入小区开始，系统即时计费，出场时完成缴费即可。但是，小区停车场要求下午5点之前必须离开，因为业主陆陆续续要回来了。如果到了下午5点钟没把车开走，第一次会罚款20元。连续三次被罚，系统会禁止再次预约小区停车。

"预约的方式有效解决了两个问题。第一，如果外部车辆占了小区车位不走，业主回来时就会有意见。第二，从安全角度考量，要是你在小区捣乱怎么办？预约系统就可以达到效率与公平、安全的微妙平衡。"李剑说。

共享停车平台的搭建初步实现了三个"精"的目标：精准协商，政府、企业、物业、居民、群众共同参与停车供需渠道；精确使用，打造连接车主、物业和相关服务企业的信息平台，制定住宅小区、学校、医院共享停车方案及预约机制，车主通过扫码注册，在查询预约后完成一键导航停车；精细管理，停车场管理方通过管理后台设置可共享的泊位数量、停放时段和收费标准，政府管理部门通过综合分析后台数据，进一步挖掘停车资源。

PP停车参与打造的"罗湖经验"，为破解停车难题提供了可复制、可推广的解决方案。目前，罗湖区"错峰共享智慧停车改革"已经被列入深圳市级重点改革项目之一。

让停车回归"出行的本质"

做好连接、激活用户，也让李剑可以更深入地思考"停车"这件事的本质。

"出行其实就是从一个停车位到另一个停车位，解决停车位的问题。我们其实就是在帮助用户解决出行最后一公里的痛点。"站在产业互联网的角度，李剑已经习惯从大数据的角度来思考"停车"。

通过微信支付切入停车出行领域的PP停车，本质上是一家数据公司。它的核心竞争力是数据。对基于用户授权且在保障用户信息安全的前提下的数据进行汇总，将勾勒出清晰的用户画像，并将成为"智能派车位系统"的根基。

"如果每部车子都能在需要的时候找到最近的停车位，停车将不再困难。"李剑设想，停车这件事的终极"画面"是这样的：大量车辆接入PP停车，大量停车场接入PP停车，停车场的传感器会实时反馈信息。知道哪里有停车位之后，PP停车就可以把这些信息推送给附近的车主——A商务楼负三层的127号停车位可以预约、B小区的18号停车位可以预约、C学校的35号停车位可以预约……

要做到这一点，除了已经实现的 B 端闸机厂商的连接、B 端停车场物业服务公司的连接、C 端车主的连接，还需要停车场车位的连接，以及搭建"停车场派车位系统"。深圳罗湖共享停车平台是 PP 停车解决城市停车资源配置的初步尝试，不过在继续前进的路上，这两个问题的难度都不小。

首先，改造将停车场连接起来的设备的成本太高；其次，要做派车位系统，需要在所有车位上安装传感器，次优选择也要装摄像头。这些设备的改造成本加上维护成本，按每个车位 1000 元计算，最后得出的将是一个天文数字。

所幸，我们还有摩尔定律，处理器的性能每隔两年就会翻一倍，同时价格下降一半，而派车位系统的建设也绝非一日之功。现实解决不了的难题，只能留给未来。当科技选择向善的时候，明天一定会更加美好。

小 结

借助微信车主服务，PP 停车将持续连接整合产业资源及数据，拓展到整个车后场景，全面触达下沉市场。

智慧停车是智慧出行的落脚点，智慧出行是智慧城市的大动脉。"梦想为中国广大车主提供一款伟大的互联网产品。"这是 PP 停车的愿景。

PP 停车正在做的事情，有助于提升城市的出行效率，因此也就提升了整个社会的生活效率。

注一　关于资料来源

PP 停车相关案例素材，来自 2021 年 1 月 20 日下午在深圳湾科技生态园对 PP 停车创始人、CEO 李剑的专访以及现场走访。

注二　关于 PP 停车

深圳市神州路路通网络科技有限公司（ChinaRoad）成立于 2013 年 1 月。

2013 年 10 月，"PP 停车"上线，这是一款以移动支付停车费为核心，以找停车场、停车场找车等为辅助功能的手机软件。

2017 年 12 月，"P 云 + 中国智能停车开放平台"正式发布。

截至 2020 年年底，P 云平台已与全国超过 93% 的停车设备厂商达成深度战略合作，PP 停车已经拥有超过 6000 万车主用户。

乘车码
让 2 亿用户一"码"当先

深圳市统计局官方网站上,深圳常住人口的最新数据是截至 2021 年 5 月的 1756.01 万。可是,深圳实名注册的乘车码用户早在 2021 年 1 月就已经超过了 3000 万,约是深圳常住人口的两倍。

是统计出了错吗?并没有。是乘车码数据注水了吗?也不是。事情的真相是,深圳是一座非常特殊的城市,人口流动性极大。一方面,深圳本地居民可以很方便地享受科技带来的便利。另一方面,外地居民也可以无差别地享受本地服务、本地优惠。

那么,乘车码到底解决了哪些痛点,让它如此受欢迎?

回归公共出行的痛点:少带一张卡

"一切发明,都源自人性中的懒惰。"如同这句网络戏言,腾讯设计这个产品的初衷,还真是为了帮人少带一点东西。具体来说,就是重量微不足道的"交通卡"。虽然这张卡本身很轻,但很多人会经常忘记携带,不得不站在售票窗口窘迫等待。

最初,预估忘记带卡的人并不多,所以乘车码团队预计,用户规模能有 10% 的渗透度就已经很好了。不过,真正开始做的时候,团队才发现一个接着一个坑等待他们埋头去填。

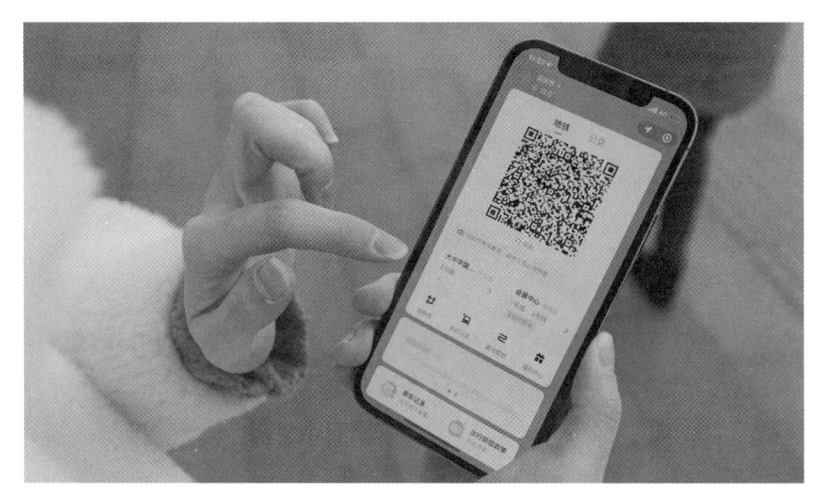

乘车码免去用户随身携带交通卡的麻烦

第一个大坑，与PP停车面临的情况很类似，就是二维码在特殊场景下，可能存在意想不到的问题。

二维码最大的好处是便利，只要有一块屏幕就可以展示。但是，二维码也有一个很大的弊端，就是容易被截图、被拍照。换句话说，容易被快速复制。在别的地方，这可能不是什么大问题，但是在地铁系统，这可能会变成一个很严重的问题。

比如，从深圳宝安机场乘地铁到南山区的腾讯大厦，正常情况下车票需要6元。如果A从宝安机场到腾讯大厦，B从腾讯大厦到宝安机场。两人同时进站，然后分别截图交换一下二维码，会发生什么情况？

如果没有某种确认方式，系统会判定两个人都是同站进出。本来每人需要扣6元的，现在只扣2元。也就是说，地铁公司会在每个人身上损失4元。

怎么办？腾讯用上了自己的一项专利技术。用户生成二维码时，会同时附带地理位置信息。如果把二维码复制拷贝到别的地方，地理位置不匹配的时候，是过不了闸机的。这样一来，在不增加用户操作的情况下，一方面保证了地铁公司的收益不受损失，另一方面保证了用户体验。

第二个大坑，是支付。

可能大家会有疑问，在各种线下场景中，付款码已经非常普遍，为什么不能直接应用在公交和地铁上呢？答案远比这复杂得多。

在地铁和公交场景中，经常会发生网络不稳定，乃至干脆没有信号的情况。要是必须按部就班扣好款，才允许用户上车或者下车，必然产生混乱，甚至不排除导致群体性事件的可能。

怎样才能提供一个更加稳定，对网络没有依赖的解决方案？乘车码团队最后想出来的办法，叫作离线支付。

我们平时使用的在线支付，付款码或者条形码中包含的内容很少，一般只有一个用户 ID，通常是 16 字节，所以扫码速度很快。而为了保障用户的经济安全，离线码里需要添加很多安全参数，这导致离线码包含的信息大大增加，会达到 400 多字节，密度是在线码的二三十倍。

不过，这个做法又导致了第三个最大的大坑，闸机里的扫码器。

商场超市里的扫码枪在线扫码的时长为 0.3 秒左右。如果用这种扫码枪，扫 400 多字节的离线码，需要 2~3 秒。也就是说，所需时间是原来的约 10 倍。

而公共交通领域本身非常追求通行效率，政府也有强制要求，新接入的方式响应速度要等于或快于已有的响应速度。这句话的意思，是必须在 0.3 秒之内完成离线扫码。

原本坚决不碰硬件的腾讯，不得不跟合作伙伴进行了艰苦的攻关，最终将包含500字节的离线码扫码时间控制在0.1秒之内。

地铁闸机里的扫码器还会遇到另外一个问题。有的用户，刷卡时会把手机贴近玻璃屏幕，甚至会碰在一起。这样一来，使用一段时间，比如半年之后，玻璃就会被刮花，从而大大降低识别效率。

市面上常用的钢化玻璃虽然够硬，但用多了也会刮花。而手机和手表所用的玻璃尽管耐磨，却很容易碎。腾讯找很多厂商做了各种实验之后，最后创造性地采用了双层玻璃的解决方案：表面一层是昂贵的蓝宝石玻璃，非常耐磨，下面一层是坚硬的钢化玻璃，把两种玻璃的优点结合起来。

这样做的代价是什么呢？是需要持续投入人力、物力配合地铁公司一起对闸机扫码器进行改造。看起来非常简单的东西，背后往往隐藏着很多复杂的逻辑。在深圳地铁公司持续的配合下，腾讯乘车码团队每跳出一个大坑，用户体验就立刻上了一个新台阶。

这么一路填坑，一路做下来，本来只是希望服务忘带或者懒得带交通卡的用户，最后变成了全民畅销应用。仅深圳一座城市，每天就有超过400万人次使用乘车码，渗透度超过60%，远远高于团队当初的预期。

让便利出行覆盖所有用户

交通行业有非常强烈的民生属性，既然与民生相关，就涉及如何跨越数字鸿沟，让所有人公平享受科技便利的问题。从2019年开始，深圳60岁以上的老人可以免费乘坐公交车、地铁。

不过，老人要同时携带交通卡和身份证，不太方便，而且容易遗失。虽然乘车码是一个不错的选择，但很多老人不使用智能手机。

还有些老人，虽然使用智能手机，但要么眼睛不好，要么不太会用，容易导致堵塞。

科技向善，如何向善？当向左和向右两种解决方式都走不通时，腾讯提出了第三种解决方式：人脸识别。

腾讯全球领先的人工智能技术，为深圳地铁提供了公共交通场景定制的人脸解决方案，有效解决了人脸识别准确度和识别率的问题。老人不带任何证件，不用任何电子产品，就可以通过腾讯提供的人脸识别方式，便捷享受公共交通服务。

从2020年年初开始，深圳地铁11号线启动试点。统计显示，平均每天约8000人次受惠于此项举措。根据腾讯每天实时提供的精准数据，深圳地铁集团可以向政府申请补贴，老人再也不用担心忘带证件了，皆大欢喜。从2021年开始，这项举措在深圳地铁全线网推广。

老人的问题解决了，未成年人怎么办？

腾讯乘车码团队调研发现，未成年人不一定有智能手机，但往往会有别的智能终端，比如智能手表。腾讯联系了很多手表厂商，尝试把公共交通的刷码技术移植到智能手表中。接受我们采访时，这项技术的样品正在制作中。

还有另外一个问题，就是未成年人没有支付账户。怎么办呢？腾讯会把未成年人的扫码信息与家庭账户做好关联，这样就会在未成年人刷码时，从监护人账户中扣款。既解决了问题，又能让监护人及时得知孩子的行程信息，一举两得。

老人、孩子之外，还有一类人，就是碰巧钱包里没钱的人。遇到这种情况，该怎么办？不让他乘车吧，不太可能。让他乘车吧，万一他最终不付款，谁来承担损失？遇到这种死循环的时候，腾讯总有解决办法,虽然有时候看上去这种解决办法有点"吃力不讨好":腾讯垫钱。

用户扫码之后,没有完成真正的扣款,只是做一些离线的验证。这时候,钱会先从腾讯的账户中支付给地铁集团。地铁集团按时收到款项,等用户账户里有钱了,或者等用户到达有信号的地方之后,再还款给腾讯。这样一来,既保障了地铁集团等B端的收益,又确保了C端的用户体验。

那么,如果用户不还钱怎么办?腾讯乘车码业务产品负责人吴镇权笑言:"这种情况基本上不会发生。"

首先,公共交通是小额高频的使用场景,在这种情况下,极少有人会因为这种小额赊账而放弃生活中的便利。其次,就算真的有用户确实忘记了,长时间没有还款,腾讯也可以通过微信、QQ等触点,很方便地与用户连接起来。

吴镇权说:"从我们的实践来看,绝大部分用户会在一周之内完成还款。"

让服务从连接、交易上升到公共管理

虽然初衷只是解决一张交通卡问题,但是随着连接B端和C端的不断增加,尤其是包括腾讯AI、大数据等能力的使用,数字化的巨大潜力逐渐释放,最典型的就是大数据能力带给"公共管理"的巨大助力。

2020年,深圳地铁出现几次在下班高峰因故延时的情况,借助微信、企业微信、QQ等全方位触点,腾讯精准触达潜在受影响用户,提醒他们选择替代方案。而不再像以往那样,用户只有到达地铁站之后，才获知地铁延时的信息。

基于大数据分析，腾讯会将这部分潜在受影响用户导流至公交车、网约车等服务选项，有效缓解用户对公共交通的不满情绪。

2020年3月，新冠肺炎疫情紧张时刻，基于乘车码的技术，腾讯与深圳市有关部门合作，快速推出了"乘车登记码"（后期合并至乘车码），基于用户自愿扫码的方式，帮助相关部门进行快速溯源，有效解决公共交通的溯源问题。

除了助力公共管理，对B端企业地铁集团或者公交公司来说，数字化同样可以提供很多助力，帮助解决此前难以解决的难题。

比如，每天清算零钱的人力成本极高，零钱中还会经常夹杂游戏币、残币等，实收率很难超过90%。同时，结算周期很长，通常都得超过一个月。而接入乘车码之后，实收率、到账效率都比之前高很多，解除了地铁集团或者公交公司的后顾之忧。

也由此，乘车码的应用也越来越丰富。在跟上海公共交通卡股份有限公司的合作中，已经产生了一些新的商业模式。比如，联合愿意给用户发放交通补贴的运营商和金融机构，同时在乘车码平台投放相应的广告。

做了这种流量变现之后，接下来还有很多延伸。比如，很多乘车码用户是跨省的，那么他们是不是有当地旅游信息的需求？是不是有当地生活资源的需求？

在吴镇权的定义中，乘车码是一个连接器，一边连接C端的用户，一边连接B端的地铁集团和公交公司，以及G端的政府部门。在他看来，腾讯"以人为中心"的智慧出行生态建设可以概括为八个字："码"当先、"码"通行。未来，乘车码还将被广泛应用于飞机、轮船、高铁、城际轨道等出行场景中。

> **小　结**
>
> 　　交通出行行业的民生属性和商业属性必须同时被满足，才能构建一个持续共赢的生态。在这方面，乘车码进行了非常有益的探索。
>
> 　　在乘车码启用之前，各地的交通委员会很难精准获取哪些站点、哪些线路具体有多少乘客等信息，也就很难快速优化站点布局、优化线网布局。
>
> 　　新冠肺炎疫情暴发之后，如何准确溯源又成为一个亟待解决的问题。
>
> 　　基于实名制用户注册的乘车码为政府部门解决这些涉及社会治理的痛点，提供了一个非常高效的方案。

注一　关于资料来源

　　乘车码相关案例素材，来自 2021 年 1 月 15 日上午在深圳腾讯大厦对腾讯乘车码业务产品负责人吴镇权的专访。

注二　关于乘车码

　　腾讯乘车码是一种可用来乘坐交通工具、适用于多个交通场景的二维码，是基于微信小程序开发的服务，2017 年 7 月首次在广州上线。

　　截至 2021 年 9 月，腾讯乘车码已经登陆 170 多座城市，注册用户达到 1.8 亿。

第六章

重塑生活服务业

连接物,激活人

开 篇

2016年4月17日上午9时许，北京东城某小区内，顺丰快递员小冯在派件过程中，驾驶的三轮车与一辆黑色轿车发生剐蹭。轿车车主是一位中年男子，下车之后不由分说，抽了小冯几个耳光，在周围人上前劝解的情况下，还不依不饶地抽了他好几个耳光，并且一直破口大骂，小冯被吓得只有不停道歉。

这条时长1分42秒的视频被网友拍摄并发在了网上之后，引发了大量关注。随后，顺丰总裁王卫在朋友圈中表示："如果这事不追究到底，我不配再做顺丰总裁！"顺丰公司负责人带小冯到医院检查，发现小冯"有软组织挫伤"，随后带小冯到公安局报警，表示己方"拒绝调解，小冯没有违反交通规则"。

4月18日，警方发布通报称，对掌掴小冯的中年男子处以行政拘留十日的处罚。事件到此告一段落，不过，由此引发的讨论才刚刚开始。例如，王卫随后表示："中国在短短20年间发展成为全球最大的快递市场，业内需要规范磨合，顺丰将联合行业内企业共同制定并完善员工安全指引。"

更多的讨论不仅聚焦快递行业规范以及如何保护员工安全，还将目光投向了更深远处。"这则新闻之所以能够成为公众热议的话题，不仅仅在于公众对快递员的心疼和对快递公司维权的支持，更是对社会'潜规则'的抗议。"《长江日报》的一篇评论直接指出了"痛点"。

快递员作为一种职业，快递作为服务业的一种，在车主眼中，"高低贵贱"之分明确。快递小哥的一味退让，其背后的潜台词是"我也同意这个潜规则"，这种现象背后是在传统"重农抑商"的社会结构中，服务行业被划为末流之观念潜移默化导致不少人对服务业存有"轻贱之心"，传导到服务人员身上，就成了一种压迫感，让他们在职业认同上形成了心理落差。

如何重塑"服务者"角色，由此成为发展高质量服务业绕不过去的课题。

"做服务行业的人，通常是社会的一面镜子。"这句经常被服务行业从业人员挂在嘴边的话，不仅代表了公众对服务行业的期待，也代表了做好这个行业的真实难度。

与制造业不同，服务业，尤其是生活服务业，是由人直接给用户提供服务、创造价值从而获取收益的。在这一过程中，因为场景不同、环境变化以及人的情绪差异，服务很难做到大规模标准化，这也极容易导致不同的用户在不同的情境下，对同一类型服务的反馈差异巨大。

这种被称为"服务方差"的问题背后隐藏的核心问题，就是如何做好"服务者"的标准化：无论餐饮、文旅，还是房屋租赁交易、快递配合，通过技术手段，做好物的连接和"标准化"都相对容易，但是如何通过数字化手段激活服务者群体，让服务更加标准化、更有价值，成了巨大的难题。

"前段时间我去一家餐厅吃饭，离开的时候，服务人员正在拖地，头也没抬、非常疲倦地说了句'欢迎下次光临'。当时我就想，这么去说这句话，给我的感受并不好，还不如不说。"贝壳董事长兼CEO彭永东在采访中，讲述了他对一次真实服务的思考。在他看来，餐饮企业肯定会规定员工在什么情况下、对客户讲什么话，因为这是相对容易的，可是具体到现实场景中，服务者会怎么去完成这件事，却是受到他的价值观、情绪、状态影响的。

"数字化工具是一种操作系统，可是人脑中还有一套操作系统，这就是价值观。"彭永东认为，想要做好服务，比解决好"物"的问题更难的是解决好"人"的问题，而要想解决好人的问题，物的问题是基础。

贝壳找房通过经纪人的数字化连接、楼盘信息的数字化呈现、交易流程的数字化再造，打造了一个"云端"的数字空间。腾讯为贝壳提供大数据、云计算、音视频等关键技术保障，助力贝壳完成了全国数十万经纪人的实时信息存储和交互。贝壳如视数据平台统计，截至 2021 年 6 月 30 日，贝壳如视已累计完成超过 1386 万套 VR 房源的重建，日产 VR 房源 2.6 万套。

贝壳的海量图片、音视频数据，通过腾讯云进行实时存储和交互。贝壳的全客户业务系统也部署在腾讯云上，在腾讯云高性能、低延时的保障下，用户可以通过贝壳 App、小程序等多个渠道，看到全国 100 多个城市、数百万套在线 VR 房源的信息。

疫情期间，很多顾客看房不方便，贝壳打造的"如视 VR 看房"发挥了巨大作用。顾客可以通过 3D 实景，用"云看房"的方式感受房间的大小、装修的细节等，同时可以发起"VR 带看"，一键连线经纪人，获得关于朝向、税费、配套设施等相关问题的解答。"如视 VR 看房"也由腾讯提供云服务和云支持。

贝壳和腾讯还将"如视 VR 看房"功能沉淀成通用解决方案，

开放给 200 多家企业，帮助企业提升用户消费感知，让用户的消费决策更加透明和高效。以贝壳合作的品质租房品牌自如为例，用户可以随时进入 VR 场景，详细了解户型结构等房屋信息，感受自如装配后的房屋效果，同时一键接入管家，打破时间与空间的界限。

这些数字化工具保证了房源真实、价格透明，减少了消费者看房、选房的烦恼。然而，最终想要完成看房、谈价、交易、签约，还是需要一个一个"服务者"，利用数字化工具，在一次一次的沟通中推进服务流程。

在这些过程中，服务者的价值自然也就凸显，所以有尊严的服务者、做难而正确的事，也就成了从链家到贝壳最广为人知的价值观。

同样的情况也在顺丰内部发生。顺丰的丰声与丰景台、丰暴大屏、数据灯塔等大数据产品，丰溯等区块链溯源平台，以及融易链等区块链供应链金融平台，共同打造了一个在数字空间实时运行的顺丰。丰声的日活常年在 90% 左右。60 多万顺丰人在数字空间中工作，也在数字空间找到了他们的生活。

作为移动出行平台的滴滴，使用腾讯企点云呼叫中心，连接司机超过 484 万人次，间接节省人力成本 4.8 万元／人／天。2019 年 6 月滴滴正式开始使用智能客服服务之后，平台通话时长从每天 3000 多分钟到峰值的每天 180000 多分钟，提升幅度超过 6000%，业务服务城市数量从 5 个扩展到 62 个。

在社区管理服务方面，腾讯智慧社区平台"腾讯云未来社区"已经落地了全国上万个小区。基于腾讯的大数据、AI、物联网等能力，通过开放微信公众平台基础能力和应用接口，"腾讯云未来社区"一方面为街道社区提供基层治理服务能力，为社区与居民搭建沟通的有效桥梁；另一方面为居民提供一站式物业服务，帮助物业管理更便捷。

疫情期间，"腾讯云未来社区"上线了智慧社区疫情防控平台，在长沙把这个平台和"老百姓大药房"打通，增加了"口罩预约购买"等模块，帮助居民足不出户购买口罩，既缓解了居民"出门难"的问题，也方便了社区的防疫管理；同时，还上线电子出入码等应用为严管控地区提供信息化的科学管理手段，降低一线人员的感染风险。另外，"腾讯云未来社区"还积极整合腾讯系生态，如腾讯医典、腾讯健康、腾讯出行服务、腾讯地图，联手打造社区防疫包，助力基层防疫工作开展。

可以说，从提升消费需求效率转向提升产业供给效率，最终提升消费者的服务体验，在衣食住行各个领域，全新的变化都在发生。然而，这些看似快速取得的成效背后，其实是持续了十余年的底层"标准化""数字化"。

长期以来，服务行业业务多元化、区域分布广、组织结构复杂、工种杂人数多、应用系统多等现状，导致战略落地难、沟通效率低、统一管理乱、客户体验差。数字化之路，就是从这样的底层革新开始的。

作为中国最著名的连续创业者之一，华住集团董事长兼 CEO 季琦在《未尽之美——华住十五年》[1]中有一个重要判断："如果大家要问，下一个创业机会在哪里，我可以非常自信地跟大家说，下一个创业机会在服务业，中国的服务业必将崛起。"

他说这番话时，还是在 2010 年 3 月，当时汉庭刚刚在美国纳

---

[1] 《未尽之美——华住十五年》已由中信出版集团出版。——编者注

斯达克上市。10多年后的今天，以汉庭为基础发展壮大的华住集团，通过数字化等技术手段，将人房比做到了全世界酒店管理集团中最低的0.17——每100个房间，只需要17个工作人员便可运营维护。

季琦当初的判断正在被验证。随着中国人均GDP连续两年超过1万美元，中国消费者对服务品质的要求越来越高。伴随着"互联网+""数字中国"的持续推进，以及产业互联网的发展，一大批能够提供高品质衣、食、住、行、娱乐等增值服务的企业，正借助数字化的力量成为中国服务业的主体。

然而，虽然大家或多或少知道服务行业的"痛点"，但是如何从根本上系统化地解决问题、实现产业发展的正向循环，进而真正"激活"中国服务业、实现服务业的现代化，却依旧是个谜团。

我们将从顺丰、贝壳找房两个案例出发，透视中国服务业最底层的"激活之路"。

顺丰
"丰声"里的数字化生存

2016年，一个顺丰小哥因为剐蹭了别人汽车而被扇耳光，小哥不停道歉，但车主不断辱骂。王卫知道此事后说："如果这事不追究到底，我不配再做顺丰总裁！"最终警方依法处理，对打人的车主处以十日行政拘留。2017年2月，顺丰上市敲锣的时候，王卫特意安排这个被扇耳光的快递小哥一起参加上市仪式。

这背后蕴藏着顺丰的企业价值观，也折射出管理层深刻意识到顺丰真正最具价值的"资产"就是包括"快递小哥"在内的一众员工，只有管理好、服务好他们，才能构建出顺丰持久的竞争力。

顺丰集团助理CIO（首席信息官）透露，顺丰内部员工能力、背景、学历各异。一线的小哥比较灵活，需要跟客户接触；二线的司机、仓管、运作员，更多做的是偏工序性的工作；三线的坐办公室的人负责处理财、物、营运、销售、科技等方面的事宜。各方工作模式不一，统一管理极具挑战。因此，顺丰数字化的规划就由解决这个核心问题起步，最终的产品就是"丰声"。

"丰声"是顺丰自研的一站式协同办公服务平台。作为"数字顺丰"的重要组成部分，丰声与丰景台、丰暴大屏、数据灯塔等大数据产品，丰溯等区块链溯源平台，以及融易链等区块链供应链金融平台，共同打造了一个在数字空间实时运行的顺丰。

顺丰表示，"丰声"真正做到了把企业数字化。它虚化了企业中"人"的身份，将公司事务、人员事项、订单内容等全部转化为信息与数字，统一运营、实时监管。企业里的业务当然还是现实中的人在做，但所有人都通过"丰声"这样的产品去跟别人连接、传递、活动。从企业管理角度看，就算顺丰的大楼、全国的网点一日之间都没了，公司照样可以正常运转，员工可以在家里或者街上，按照行为管理、规划完成任务。就比如2020年年初疫情期间，整个公司做不到人人在现场，顺丰用"丰声"就可以解决这个问题。顺丰通过完全信息化、数字化的管理手段，在业务侧和管理侧均实现了"数字化"生存，真正连接起了每一个流程，也激活了组织里的每一个人。

"三步走"实现业务侧"数字化"

中国企业的数字化发展可以分为线上化、数字化、智能化三个阶段，如果以流程的视角去解释这三个阶段，那么线上化就是把线下的东西搬到线上去，比如一张采购单，以前是纸质的，线上化之后就变成电子的了；数字化是在线上化的基础上，对数据的使用更敏感，还是一张采购单，人们会去看采购额度、采购流程、同比情况等；智能化是一个正在探索的方向，现在还很少有整体成形的落地案例。

顺丰集团助理CIO表示，从线上化到数字化的过程中，既有转型也有优化。转型，是把传统的流程节点打破，把本来有的变成现在没的；优化，是在原来基础上的提升。比如，以前可能需要人力去审批、校准一下的流程，现在由系统就可以操作完成。

顺丰自身的企业数字化，同样也经历了这个过程。

以前，顺丰有很多录单员，录单员的工作就是把客户的手写单录入到顺丰的内部系统里。后来，顺丰在行业内第一个推出电子面单，客户直接在手机上下单，不需要录单员了，这个岗位也就消失了。这就是转型。

以前，选店面的时候都是靠人去判断；现在，是靠一个叫作运筹的算法去判断。算法会结合大数据，把各种影响因素都考虑进去，取得一个局部最优解，这就是优化。同时，车辆的调度也是通过运筹算法进行优化。

顺丰构筑了三网合一的综合性物流网络体系

速度快是顺丰身上的最大标签之一。那么，顺丰为什么这么快？顺丰集团助理CIO告诉我们，这是因为顺丰与加盟制的快递企业在算法逻辑上有根本区别。

加盟制企业是以电商业务起家。比如义乌的电商产业发达，加盟企业会在义乌设点，把货物量累积得足够大，就整车整发，一辆车满载货物从义乌直达上海。

前置仓就是在这个逻辑上的演进。顾名思义，前置仓就是仓库前置，把与消费者的距离控制在最短。打个比方，后台的算法显示乌鲁木齐的消费者喜欢买泳衣，或者武汉的消费者喜欢啃鸭脖，电商会提前将这些品类存放在相关城市周边的仓库。消费者下单后，可以就近发货。

这就是加盟企业提供的最优解：成本最低、速度最快、效率最高。但是这么做也会有一些缺点，典型的缺点就是如果城市周边没有前置仓，或者消费者所需的物品前置仓里没货，那问题就会变得很棘手，"比如，从哈尔滨往银川快递一根红肠，或者从南宁往呼和浩特快递一盒芒果，成本变高、速度变慢、效率变低了"。

顺丰则用了一种不同的逻辑来处理这类零星的小件快递：在设立的密密麻麻的网点之上，设置了很多中转场，并且中转场之上还有更高一级的中转场，也就是一级中转场、二级中转场等层层网络。

网点与中转场就像地球仪上的经线和纬线，用一张布满节点的网络覆盖整个区域。当一个小件进入顺丰的网络之后，运筹算法开始发挥作用。中转场的内部系统会自动进行分解：这单快递要赶上哪一班的货车，在什么时间点能赶上哪个航班？通过这种运筹算法，顺丰能够轻松地获得两方面收益：首先，在寻求局部最优解的时候有更多的选择；其次，自身的抗风险能力也变强了。就比如，从深圳到呼和浩特的航线上预计有台风暴雨，系统会直接规划另外一条路径出来，确保快递件能在规定时间内到达。这就是顺丰业务"数字化"的结果。

不管借助什么样的技术手段，最根本的目的还是以人为本。从客户的角度来说，所谓以人为本，就是一切以客户的价值为中心。那么要如何帮助客户产生价值？顺丰的答案是三个关键词：时效、服务、质量。

为了解决这个问题，顺丰构筑了三网合一的综合性物流网络体系：天网+地网+信息网。

自有航空货运是顺丰最大的优势之一

以全货机、散航、无人机组成的空运"天网"，以营业服务网点、中转分拨网点、陆路运输网络、客服呼叫网络、最后一公里网络为主的"地网"，以及由各种大数据、区块链、机器学习及运筹优化、语音、计算机视觉、智慧安检、AI识别、智慧物流地图等组成的"信息网"。

"三网合一"的物流体系、电子面单、隐私面单等创新举措，以及在信息安全、数据安全方面的巨大投入，都是为了帮助客户产生价值。

60万顺丰人的"数字化生存"

如果说业务数字化是顺丰数字化的一条腿，那么顺丰的管理数字化就是另一条腿。如开篇所言，顺丰相关服务人员有60多万，能力、背景、学历都不一样。一线小哥跟二线司机、仓管、运作员，跟三线的管理人员，各不相同。

简言之，顺丰的管理痛点很清晰：业务多元化、区域分布广、组织结构复杂、工种杂人员多、应用系统多等现状，导致战略落地难、沟通效率低、统一管理乱、客户体验差。而且，随着95后、00后逐渐步入职场，加上疫情对远程办公的催化，以及数字化对现有组织流程的解构，传统的企业组织形式正在发生深刻而剧烈的变革。

顺丰集团助理CIO将这种情况称作"弱组织"。在他看来，管理侧的数字化其实就是在探索"弱组织"形态之下的企业管理之道，而他给出的解决方案是"丰声"。

表面上看，丰声很像企业微信、钉钉。但实际上，在办公软件必备的日常报销、汇报、出差等功能之外，丰声被赋予了更多的功能和个性，甚至可以说丰声是顺丰管理职能的"数字孪生体"。

"丰声的核心逻辑是把每个人的工作融入日常生活中。把企业所需元素一个个解构，将会议、公告、消息、审批等功能全部转化为服务。"顺丰集团内部给它起了个名字，叫作FaaS（Function as a service，功能即服务）。

基于这种逻辑，丰声的定位是"一站式智慧办公平台"，这个平台包含三层含义。

首先，这是一个管理协作平台。

如果只是沟通需求，企业微信或者飞书、钉钉都可以实现。可一旦有管理诉求，丰声能把人与人、人与工作、工作与工作、工作与文化等核心信息流全部打通。

其次，这是一个战略分解平台。

管理者设定一个目标，下面的每个业务单元，人力资源的任务、财务的任务、运营的任务、销售的任务，全部分解到位，形成工作闭环。截至 2021 年 3 月，丰声内已经有 10 万多个工作项目。

最后，这是一个文化落地平台。

这个过程中，战略分解更偏重从流程的角度推进工作，文化落地则是从人的角度推进工作。同时，基于文化落地，可以实现两层管理效用。

第一层是企业的 PGC 平台（professional generated content，互联网术语，指专业生产内容）。企业的每个组织倡导什么、反对什么，都可以在丰声中展示。

第二层是员工的 UGC 平台（user generated content，用户生成内容）。员工可以发表感想，可以吐槽，可以寻找志趣相投的小伙伴。

丰声是以工作流程驱动的，两个人通过丰声对话的时候，不仅可以做一些商务处理，还可以直接创建任务。丰声又以组织架构为支撑，管理者可以在丰声中看到团队组成，看到团队中每个人的工龄、学历，每个人的加班情况，以及每个人的星座等有趣的内容，有人加入时会提醒欢迎、谈心、培训，有人离职时会提醒送行、交接。

虽然工作流程会"逼迫"员工在工作时必须使用丰声，但是顺丰不希望这种刚需变成"压迫感"。所以，集团想了很多办法把小哥牵引上来，最核心的就是当小哥不处于工作状态的时候，丰声也要成为他们的精神家园。

丰声的核心逻辑，是把每个顺丰小哥的工作融入日常生活中

快递小哥是顺丰的立根之本，绝对不仅仅是一个收派员，而是千千万万面对 C 端的客户经理。顺丰通过快递小哥才能跟客户产生连接，而快递小哥又通过丰声跟顺丰产生连接。从组织形式上，快递小哥是顺丰的正式员工，有的小哥已经在顺丰工作了十几年，顺丰就是他们的家。

目前，丰声的日均活跃用户量常年在 90% 左右，这也就意味着 60 多万顺丰人中，有超过 50 万人每天通过丰声工作和生活。对"顺丰人"来说，它早已不是一个孤立的人事关系系统，而是一个数字化的工作生活世界。

组织知识沉淀的"数字化"

除了业务侧的数字化和管理侧的数字化，顺丰的知识管理也完全做到了数字化。丰声里有一个专门的知识社区叫"丰识"，集团内部将其戏称为"顺丰知乎""顺丰得到"，里面有各种各样的知识性问题，比如招聘季要怎么招人，仓管服务要怎么做，等等。

乍一看，顺丰的知识管理似乎跟其他的静态题库也没什么太大区别。但是，这只是第一阶的知识。在这个基础上，顺丰又做了另外几件事情。

第一件事情，所有知识取之于业务、用之于业务，顺丰内部2020年发起的"WIS项目"，就是解决知识跟业务联动的问题，充分体现了"用到即学到"的道理。

什么是"WIS项目"呢？就是working in structure，把业务流程工序化。每一道工序有多个控制点，比如质量控制点、财务控制点等，WIS项目会把这些控制点直接嵌入具体的目标系统中。

打个比方来说，客户在快递贵重物品的时候都会有保价的需求。顺丰的内部流程规定，客户保价超过一定金额，比如超过1000元，就必须拍照，否则会产生风险。但实际上，不可能手把手去教几十万个快递小哥什么需要保价、为什么超过一定金额要拍照。

怎么办？只需要在"WIS项目"中嵌入风险控制点，当客户选择保价的时候，系统会自动要求快递小哥拍照、记录。这样一来，静态的知识就系统化了。

第二件事情，通过PGC和UGC的结合把静态知识动态化。

有人提问，会有其他同事回答。回答得好的，平台会拿出真金白银奖励。这样一来，提问的人有解决问题的迫切需求，回答的人既有分享的快乐，也有激励和回报，动态知识就会越来越多。

举个例子，如何包装大闸蟹这个问题，一方面平台会有官方推荐的包装方式，另一方面会有小哥回答说他有更好的方法，其他小哥一看，果然后一种更加简单有效，于是纷纷点赞。群众的眼睛永远是雪亮的，于是大家群策群力，就把那个更好的办法给拎出来了。平台会将互动最多的回答置顶，同时将来自小哥的有效方法更新至知识库，知识就是这样滚动起来的。

这还不够，很多员工依旧觉得学习知识太枯燥，考虑到这个痛点，顺丰又推出了"最强丰脑"的小游戏，让员工一起去打擂台。

"最强丰脑"中有中转知识、创新知识、销售知识、信息安全知识，分门别类，上线之后随机匹配，真人对决，双方互相看得到对方的工号和姓名，把学习知识变成一件有黏性的事情。

为了进一步激发大家学习的热情，顺丰管理层还将4个星期设为一个赛季，赛季结束后，给予排名前十的参与者奖励，邀请他们分享学习心得。

"有的人错一道题后，立刻截图，整理在错题本上，有空就复习。有的人先系统学习某一方面的知识，然后强化测试，不断试错，直到掌握所有知识。"这种活泼的学习场面远远超出了最初规划的预期，但在另外一个意义上，这种情况完全在顺丰管理层的预料之中，因为顺丰对于知识管理只有三个目标：有价值、有温度、有趣味。

"最理想的情况是温度和趣味之下，隐藏着价值。我们还在不断摸索。"顺丰集团助理CIO如是说道。

小 结

"丰声"的核心价值可以归纳为五个方面。

沟通协作。基于即时通信，扩展从海量信息中归集和筛选重点信息的能力，流畅沟通体验。高效搜索，解决经营中找人、找事困难的问题，提供基础办公场景能力：会议、任务、文档、审批。基于事件串联各项协作事项，事项线索化后融会贯通。

战略落地和经营支持。建立工作管理平台，覆盖目标管理、事件关联、过程管理与价值评估，自上而下全盘管控企业工作。

企业文化生态。基于企业经营宗旨与核心价值观，助力企业文化的塑造与持续运营，高管在线传递经营理念，公告、信息让员工随时了解公司情况，增强员工归属感。

开放能力。统一应用管理，提供公共 API，沉淀更多开放能力，助力顺丰 200+ 业务应用移动化，同时满足不同行业企业、不同业务系统的需求，实现千人千面企业应用管理需要，助力企业业务移动化。

安全管控。针对大型企业人数多、分布广、流动性大的特征设计的安全体系，能够对信息的创造、传播、消费、存储等各环节进行管理和控制，杜绝泄露风险。

注一　关于资料来源

顺丰相关案例素材，来自 2021 年 3 月 9 日中午在深圳深投控创智大厦对顺丰集团助理 CIO 的访谈。

注二　关于顺丰

　　1993 年，顺丰诞生于广东顺德。2016 年 12 月 12 日，顺丰速运取得证监会批文获准登陆 A 股市场，2017 年 2 月 24 日，正式更名为顺丰，股票代码 002352。

　　作为国内领先的综合物流服务商，顺丰致力于成为独立第三方行业解决方案的数据科技服务公司。经过多年发展，顺丰建立了为客户提供一体化综合物流服务的能力，不仅提供配送端的高质量物流服务，还向产业链上下游延伸，为行业客户提供贯穿采购、生产、流通、销售、售后的高效、稳定、敏捷的数字化、一体化供应链解决方案，助力行业客户产业链升级。

　　顺丰还是一家具有"天网 + 地网 + 信息网"网络规模优势的智能物流运营商，拥有对全网络强有力管控的经营模式。

贝壳
用数字技术激活经纪人网络

随着中国经济进入下半场，过去传统的投资依赖型经济、外部扩张型经济需要转变为"聪明、智慧"的经济。如果说中国经济上半场是"企业家精神＋汗水经济＋高速度"的发展模式，下半场就是"企业家精神＋高质量发展＋智能化"模式。中国已成为全世界最大的实物消费市场，而在接下来的中国消费发展中，服务消费将占据重要部分。但是在过去，服务市场的劳动生产率比较低，并不像制造业那么精细。

在供给侧有没有优化供给、精准供给、可靠供给和创造力供给？如何能把需求真正激发出来并实现它？这些问题在服务领域值得深思。而在提升服务行业的生产效率、使其精细化方面，贝壳做了很多开创性的探索。

两三年前，贝壳联合创始人、董事长兼 CEO 彭永东到中国台湾地区考察，发现很多名校毕业生都愿意当房地产经纪人。他问台湾同行：40 年以前，台湾的房屋经纪人大概是什么样？

一个从业 30 多年的老前辈回了他一个词："黑箱操作。"然后，这个老前辈描述了当时的场景：房屋买家和卖家达成一致后，中介带着去签约。进了房间，直接把卷帘门放下来，黑魆魆的，中介晃晃手上的纸皮袋，纸皮袋鼓鼓囊囊的，里面装的看上去像枪械，或者刀具。

从当年的"黑箱操作"到如今以口碑闻名，台湾经纪行当的发展历程让彭永东更加坚信，大陆房产经纪人一定也会经历从不成熟到成熟的演变过程。

在这个过程中，如何做好那些"难而正确的事"，对公司和整个行业的发展至关重要。《2021大学生房产经纪人职业调研报告》显示，截至2021年6月，贝壳连接的新经纪合作品牌经纪人中，大学生经纪人占比达35.7%，相比2019年大学生经纪人数量增长53.2%。房产经纪人开始成为大学毕业生的择业方向之一。

那么，彭永东和贝壳做了哪些"难而正确的事"？

服务业的根本：对消费者好

贝壳的战略里有两句话，对消费者好，帮助服务者对消费者好。怎样叫对消费者好呢？在彭永东看来，就是要有客户思维，或者说用户思维。

"所谓客户思维或者用户思维，核心无非是把自己当成一个客户，然后想想自己希望被怎么对待就行了。"彭永东说，他发现一个有意思的现象：企业规模小的时候，它要生存，天天研究用户想要啥，怎样把东西卖出去，往往都比较有客户思维；但企业规模一大，就开始做数据化管理，每天只关注指标怎么样，经常就把客户给忘了。

"现在这个社会，服务丰富且多元，没有什么客户是属于你的。最重要的是，当客户有需求的时候能想起你，进而愿意选择你，那就说明你做对了。"彭永东说。

贝壳有一句广为人知的话，是创始人左晖说的："做难而正确的事情。"很多人不太能理解，企业面临抉择时，怎么样才是难而正确的事呢？对消费者好、客户思维，就是破题的核心。在贝壳（前身链家）的历史上，一次关键的破题就是 2011 年前后在行业里率先推出"真房源"。

时间回到 2010 年前后，虽然互联网应用已成为生活常态、移动互联网正在快速崛起，大家习惯了在网上购物、看视频、信息，也逐渐适应了在网上找租房、购房信息，然而二手房和租房市场始终都是"又大又差"。

大是指规模。这个行业能创造 30 万亿元的市场规模，仅次于零售行业。零售行业诞生了阿里、京东这样的巨头，但二手房行业只有小作坊，没有大玩家。差是指体验。经纪人想的是做一锤子买卖，消费者想的是这次别骗到我头上，商业互信几乎为零。

在这样的大背景下推真房源，虽然很难，但它是正确的事。不过，就算是正确的，要想让这个行业的一线作业人员（经纪人群体）将手中的数字技术向好、向善使用，而不是为了流量弄虚作假，关键就是客户思维。

"真房源就是对消费者好，但是刚开始推真房源的时候，内部经过了长时间的剧烈争论。最简单也最有力的反对理由是：别人都是假房源，我们推了真房源，被别人抢走了怎么办？"作为当时的亲历者，彭永东对此印象深刻。

事实上，担心"劣币驱逐良币"是绝大多数人的第一反应，并不奇怪。对此，彭永东问了两个问题："第一个问题，如果我们全部离开，重新创办一家房产经纪公司，怎样才能打败链家？第二个问题，如果我们自己就是要买房租房的那个消费者，我们希望看到什么样的房源？"

这两个问题的答案最终的指向都是真房源，于是公司决定做这件事情。事后来看，虽然在短时间内，"真房源"导致链家网上可看的房源数量相比同行大幅减少、价格也不具有对比优势，进而导致流量下降，但是也的的确确提升了消费者体验，几个月后，用户就开始回流。

不过，这种影响还不只是局限在客流上，更深层的影响在于重新激活了这个行业最基础的构成单元——经纪人群体内心的自信和自尊。

"以前，经纪人发假房源信息的时候，他的内心是纠结的。当有客户想要看房的时候，经纪人的内心是忐忑的。但发了真房源之后，最开始，确实有人丢了单子。但差不多两个星期后，经纪人服务客户的精神面貌发生了明显变化：眼神更真诚了，笑容更自然了，表达更坚定了。一个顺带的结果是，成交率比之前高了很多。"彭永东说，这件事情更重要的意义在于对整个组织的冲击和影响，是巨大且正向的。

"服务的最高境界是什么？"彭永东自问自答，"最高境界就是两个心灵之间的对话。可如果总有一个心灵遮遮掩掩、以假乱真，这对话还能进行下去吗？"

互联网、数字技术本身并无道德价值，而企业可以有。在彭永东看来，技术本身只是一个底层应用，但是类似"真房源"这样的抉择，"让经纪人的心变得柔软，让消费者觉得贝壳跟其他公司不一样，推动买卖双方共同向善"。

不知是否是巧合，这种做法在经济学上叫作"消费者价值"。

用科技持续激活服务业进化

"为什么今天的中国缺少好的服务？不是因为没有好的需求，而是因为没有构建好激励'好服务'产生的环境。"作为典型的理工男，彭永东毕业于浙江大学电气工程专业，加入链家之前，多年担任 IBM 战略与变革高级咨询顾问。理工科的人喜欢用数字和技术管理企业。因为他们假设行业是有规律的，企业是可以基于行业规律去设定目标的，目标是可以拆解的，拆解之后就是可以不断复现的。

贝壳的使命是"有尊严的服务者，更美好的居住"，这和服务者、消费者高度关联。要达成这个使命，除了解决前面提到的"又大又差"的行业痛点，对消费者好、帮助服务者对消费者好，还有一个与此关联的痛点，就是如何解决"又乱又复杂的行业流程"，也就是彭永东所言的"好的环境"。

这个流程复杂到什么程度呢？一个消费者从在线上看房到跟经纪人产生一次互动，大约要花 8 个星期的时间，也就是两个月。再到签合同完成交易，又需要 56 天，也差不多两个月。这样全部加起来，至少就是四个月。

在这个时间跨度内，一个消费者平均要联系 11 个经纪人、看 24 套房子。这中间有两对矛盾特别突出：经纪人与消费者的矛盾，经纪人与经纪人的矛盾。

如何在产业互联网中解答这么复杂的题目？贝壳的做法是，先从头到尾做一遍，把整个流程全部摸清楚，把自己做得特别重。沿着纵向的方向搞清楚产业链的问题后，贝壳又横着做，助力整个产业，最终让这个"又大又差流程长"的行业进入高质量发展的轨道。

这也正是做了 18 年链家的左晖、彭永东，又奋不顾身做了三年贝壳的思考逻辑。但这件正确的事太难了，以至于左晖说过一句颇有些悲情色彩的话："贝壳要拆行业的墙，大不了把链家也输掉。"

正是这种企业家的自我进化、自我变革的精神，最终实现了行业的一次再造和革新。

不过，彭永东拒绝用"转型"来描述贝壳找房的发展。在他看来，转型含有否定的意思，容易制造前后状态的对立。他喜欢用"迭代"这个词勾勒贝壳的探索与实践。迭代意味着不断更新，意味着不断拓展可能性的空间。

这就是科学化管理的价值，或者叫作科技价值。而科学化管理就必须要有数据，有了数据才能标准化，标准化了之后才能系统化、线上化。

"VR看房"就是这样一件事情。2020年突然暴发的新冠肺炎疫情加速了房产屋经纪行业的线上化、标准化、系统化，"VR看房"也一夜走红，成了经纪人和消费者日常沟通、连接的桥梁。

然而，这样一个工具在起步时却遭到了一片反对声。"刚开始决定做VR看房的时候，一片反对声。大家都在质疑，VR做完了，都是技术了，我们经纪人还有什么价值？"彭永东对此的说法是："不是VR替代经纪人，而是能用好VR工具的经纪人替代那些不会用VR工具的经纪人。"

VR技术不是贝壳独创的，贝壳也不是在行业内最早启用这一技术的，但大家现在一提VR看房就想到贝壳，为什么呢？因为别家的VR真的只是VR，无非是把原来二维的图片形式变成了三维的立体形式。而贝壳的VR是有服务的VR，消费者可以自己看，遇到问题的时候，有经纪人跟你对话、给你讲解。

这个做法直接导致了三个很大的不同。第一，经纪人的服务瞬间实现了"线上化"。第二，经纪人和客户的问答会实时记录，产生了大量有价值的数据，解决了数据来源问题。第三，经纪人的服务是可以追溯的了，对经纪人的评价有了更多客观标准，倒逼经纪人不断提高服务质量。

VR看房的虚拟机算力、所需的带宽、实时数据的存储等，全部通过腾讯的公有云实现。因为消费者通过VR看房有很大的波动性，而公有云的弹性供给，"所见即所得、所要即所需"，给贝壳带来了最高的性价比。

在整个房产交易服务的各个链条，贝壳都尝试将经纪人的服务流程标准化，推出了SOP（standard operating procedure，标准作业流程），并推出了贝壳分等精细化管理工具。

不仅如此，贝壳还将优秀经纪人的经验沉淀下来，用AI模拟训练，帮助经纪人提升服务技能。

理工男就是这样，借助科技的力量将这个看似纷繁复杂的服务行业，梳理得条块清晰。彭永东说，科技的本质就是AB测试。如果方案A的转化率比方案B高，那我们就选方案A，否则就选方案B，"AB测试的速度有多快，企业的进化速度就有多快"。

"疫情也许是一次偶然事件，但中国服务的不断进化会是一个必然方向。"彭永东如此总结。

小 结

当前服务业面临的最大挑战，并不在于满足少数人的个性化服务需求，而是如何构建一个能够提供大规模标准化的服务供给体系，从而满足中国当下巨大的、对最基本的服务品质的需求。数字化对于构建这样一个体系可以发挥根本性的作用。

在贝壳看来，核心的要求是不要提供差的服务，也就是服务的方差要尽可能小。而提升服务供给的平均水平和效率，其背后依靠的是科学管理的精神和能力，这是行业提升效率的唯一手段。科学管理就是用数据而非感觉说话，就是将服务全流程数据化和电子化，构建三个标准化：物的标准化、人的标准化、流程的标准化，并针对薄弱环节持续改善和优化。

物的标准化。全中国有3亿套房子，把这些房子全部做成VR之后，就可以在这个空间里做很多事情，比如装修。

人的标准化。通过贝壳分等工具，形成对经纪人的评价体系，消费者可以选择那些优秀经纪人，从而形成有效的市场激励机制。

流程的标准化。经纪人合作模式将经纪人服务流程拆解为10个不同的角色，打造了经纪人合作共赢的底层基础。

三个标准化的终极目标，是让消费者体验更好、让整个产业更有效率。

贝壳基于居住服务业数字化变革的实践，进一步完善了"住"这个民生行业的服务功能，成为样板。通过数字化推动产业结构升级，与产业中的服务者共建美好居住，是新时期回应人民对美好生活期待的有效路径。

注一 关于资料来源

贝壳找房相关案例素材，来自2021年4月14日上午在北京东方电子科技大厦对贝壳找房联合创始人、董事长兼CEO彭永东的专访以及现场走访。

注二　关于贝壳找房

贝壳找房作为"科技驱动的新居住服务商",致力于推进居住服务产业数字化、智能化进程,通过聚合、助力优质服务者,为3亿中国家庭提供包括二手房、新房、租赁、装修等全方位的高品质、高效率居住服务,实现"对消费者好、帮助服务者对消费者好"的目标。

第七章

智慧教育
激活"星辰大海"的向往

开 篇

"如果想造一艘船,你先要做的不是催促人们去收集木材,也不是忙着分配工作和发布命令,而是——激起他们对浩瀚无垠的大海的向往。"安托万·德·圣·埃克苏佩里在《小王子》中写下的这段话,因为透视了教育的无限高远与脚踏实地,至今仍是教育行业经常引用的经典。

然而,言辞的美妙终究掩盖不了绵延千年的教育难题:怎么让教育更有效果?如何评估教育的效果?怎么让教育之光公平地照射在每个学生身上?又该如何让每个学生个性得到释放生长?

一个个终极追问,从孔子的"有教无类"绵延到产业互联网时代。相同的是,已经存在的问题一个都没少。不同的是,又增加了一个新的问题——"乔布斯之问":"为什么计算机改变了几乎所有领域,却唯独对学校教育的影响小得令人吃惊?"去世之前,苹果公司创始人乔布斯曾多次发出这个感慨。

2011年9月,美国联邦教育部长邓肯给出了他的答案:"教育没有发生结构性的改变。"为了让大家理解结构性变化没能发生的背后原因,他提出了一连串追问:世界上所有的政府都在做教育信息化,但教育行业的投入和产出始终不成比例,为什么我们在教育领域信息化上的投入很大,却没有产生像生产和流通领域那样的变革效果?

在这点上，中美并无差异。以中国为例，信息化技术诞生之后，教育的信息化一直不断前行：早在20世纪50年代，基于广播体系推出的教学模式在扫除文盲行动中功不可没，并且逐渐演变成了80年代的"电大"；而随着计算机、互联网技术的发展，到90年代、21世纪前几年又产生了"远程教育"，再到这几年的"直播课""互动教学"，数字化、人工智能等技术接过了教育信息化的接力棒。可是，效果到底如何？

四年前，同样的问题落在了天津市和平区新上任的教育信息化管理中心主任卢冬梅身上。

在讲台上站了20多年，卢冬梅依然觉得，学生的世界存在一个个看不清、摸不透的阴暗角落，而数据转型就是用数据照亮这些角落，让每个学生看到更多未来的可能性，实现理想。

最初上任的一年多时间里，卢冬梅在网上一看到名字里带"大数据"三个字的书就买回来看，每天在团队技术"大牛"的午休时间拉着他给自己解释各种术语。团队拍合影时，每个人都穿一件红蓝相间的格子衫"致敬程序员"。

她跟银行合作，让学校有更多资金购买智能硬件。她也跟腾讯合作，让和平区所有学校都用上"智慧校园"。这个产品仿佛是学校的大脑，不仅可以让学生实现远程上课，还能提供更有针对性的教学服务，让学校管理更有效率，也更有质量，甚至可以为学生的未来选择提供指导。

不只是中小学，通过数据中台，高校也可以方便地进行教学管理、数据整合等日常工作。在深圳大学，一张虚拟校园卡可以自助开出教师资格、工资收入、考试成绩、出国申请等各项证明。吉林大学珠海学院与腾讯合作，借助微信、企业微信、QQ等工具，让学校的品牌触达每个考生，仅用往年1/4的招生人力，达到了往年7倍以上的招生效果。

现场教学与在线教学的"黑板+屏幕"模式，让翻转课堂成为现实，VR头盔、辅助电子屏等设备帮助深圳大学滞留在欧洲和非洲的留学生实时在线，随机互动。

腾讯产业互联网学堂与深圳大学计算机与软件学院联袂开设软件工程特色班"腾班"，以新工科作为切入点，根据项目所需将整个研发、测试流程贯通。没有教材、没有教案、没有PPT，在老师们的努力下，几十门新课就这样一门门推出。

变革之下，一个个教育的"黑匣子"被点亮、激活。

天津和平区教育局
用数据照亮每一处阴影

"应试太简单了"

和平区拥有 44 所各级学校、7000 名教职工、6 万名学生。卢冬梅接到的"题目"是借助大数据和人工智能，帮助和平区完成教育信息化转型，让课堂学业信息上网，教研教学工作上云。尽管此前的她，是一个从没接触过计算机底层技术的语文老师。

一开始，卢冬梅还是像以前一样，时常在朋友圈写诗。"你还在写诗，本身就说明内心深处对这个转型不认可，没有下定决心要做信息化。"新同事说。卢冬梅听了，再没写过诗。"如果我还在那儿沿着感性的思维方式往下走，那就真的转不了型了。"她说。

从启动算起，和平区第十九中学的信息化工作已 20 多年。

和平区第十九中学的信息主任胡嘉用了 20 多年做这一件事。刚开始，学校里连计算机都没几台，老师们的 PPT 都需要她帮忙做。现在，计算机教室大了，投影仪从胶片换成了激光。

上任不久，卢冬梅就在全区的学校做了一次走访调研。她发现，班级里配备的信息化硬件就像公开课时的"表演道具"，并没有用到实处。调研到第十九中学时，胡嘉给学生们一人发了一台平板电脑，可一连网就"顶不住了"。"一个人上网无所谓，但是几十个人同时上网,你拿软件集成控制,而且是常态化使用,那就有问题。"胡嘉没想遮掩过去,她直接告诉卢冬梅,这个问题她解决不了。

如果要解决网络问题,学校里所有用于网络信号转发的交换机都要更换。"这事动静太大。而且为了用一个平板电脑,干那么大动静不值。"此外,平板电脑的管理、充电等问题,胡嘉说,"我都解决不了。"

卢冬梅对胡嘉的话深有体会。调研结束后,她把十九中选为信息化改革的试点校,就是因为胡嘉"敢说话"。卢冬梅到任后,迅速和团队确立了自己的定位——互联网企业和教育之间的"连接器"。他们参考互联网企业的组织架构,组建了研发、运营维护、网络安全三个工作组,形成内部闭环。

十九中率先试点了腾讯的智慧校园产品,包括线上选课、云课堂、综合素质评价等应用。出乎意料的是,这一次老师和家长们的接受度都比较高,因为这款产品不需要单独下载 App,可以直接在微信里使用,省去了很多培训的步骤。为了抢到孩子喜欢的课,许多家长像等"双十一"一样捧着手机,有的课程从开始到抢完只用了 2.4 秒。

"家长最关心的始终是学习和考试。"之前做课程改革的时候,卢冬梅带着学生阅读文献、画思维导图、组织对抗赛,压缩了日常的学科课时,也收到过"不务正业"的质疑。可她觉得,与拉长课时相比,更重要的是如何提升课堂效率。

2020 年疫情期间,为了保证学生们的线上学习,从卢冬梅到胡嘉,再到腾讯智慧校园的团队,几乎所有人都没在半夜 12 点前睡过觉,一直在测试产品、沟通需求。开学当天,信息中心的大屏幕上显示的平台点击量高达 321 万次。现在,卢冬梅每天上班第一件事,就是在办公室的大屏幕上看一下智慧校园的使用情况。数据高的时候，她就开心，"就像看股票指数一样"。

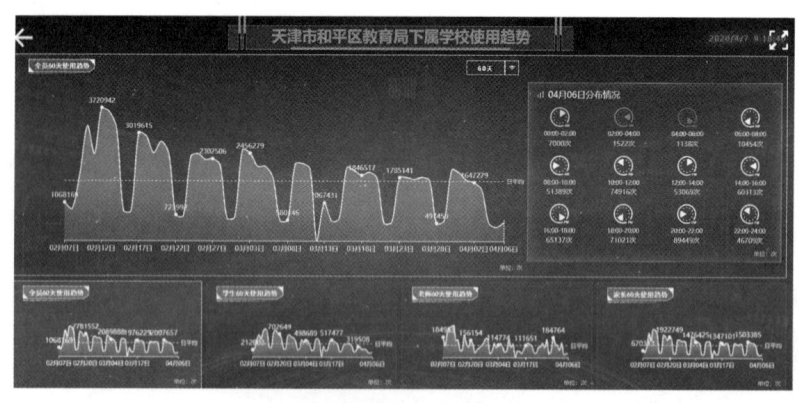

卢冬梅像看股票指数一样每天观察智慧校园使用数据

在不能复学的那四个月里，全区所有优秀教师把课程都录成了短视频，投放到智慧校园的精品云课平台上，供学生反复观看。学生不仅能在线上课，还可以在线考试、提交作业，有的学校还结合"费曼学习法"，帮助学生通过线上的方式进行科学记忆。如果有需要背诵的课文，学生们就在手机前捂着眼睛背完，上传给老师检查。

复学之后，科技在教学中的力量也并未消失，就连学生的校园卡都能用来答题。腾讯为和平区的学生们更新了三代校园卡，校园卡可以连接蓝牙，卡身背面有几个英文字母，以及"确认"和"取消"按钮，老师在课上出题，学生在卡上就可以即时答题。

2020年，和平区的高考平均成绩达到620多分，比第二名高出了100多分，较往年的差距拉大了一倍以上。和平区教育局局长明建平问卢冬梅："你算算那个分，是不是算错了？"在介绍和平区教育信息化的时候，卢冬梅很多时候并不想多说在应试上取得的成绩，因为"应试太简单了"。

成绩不是教育的最终目的

卢冬梅的女儿2021年上小学五年级，也在使用智慧校园。有时候，卢冬梅会专门调出她的上课数据，发现她的上课时间比班上同学少了一半，而且很少有反复点开的课程，有的课程观看时间只有十几秒。

卢冬梅很生气，回家问女儿，可女儿"振振有词"，说是课程"没意思"。

她开始反思：课程点击量低，也许不是孩子的问题，而是课程本身设计得还不够吸引人。开放选课时，有的课程提前做了许多准备，但报名人数却是0。

"这就是优胜劣汰的现实。"卢冬梅说，"当数据延伸到了对课程的影响时，我们就会发现，教育信息化已经成为教育变革的一个内生动力。"

疫情期间，卢冬梅发现每周三的上课数据总是突然下降，周四又有所回升。她分析周三是学生们的心理疲惫期，建议学校在这一天开设一些相对轻松的课程。除了上课，有的学校通过智慧校园记录了学生和家长在家种花种菜的过程，还有的学校做到了"云升旗""云班会""云画展"，甚至让大家在线上一起做眼保健操和课间操，让孩子们在疫情期间也"不那么孤独"。

有的学校建在菜市场旁边，很多家长都是小商小贩，孩子想学编程，但承担不了课外培训课程的费用。腾讯经过沟通，决定给这所学校提供一套免费的编程课，和学校临时组织的团队相互磨合，经常半夜 12 点后群里还在讨论。有 40 多个学生选了这门课，过了不久，他们已经可以编写小游戏了。

腾讯智慧校园里还有一个"综合素质评价"的应用。卢冬梅和团队成员到各个学校官网上抓取面向学生组织的各种活动的新闻报道，最终列了全区所有中小学学生活动的清单，大概有 800 项。然后，有教学经验的卢冬梅就负责告诉程序员，每项活动提升了学生的哪些素质，最终所有活动归纳成了五大维度：思想品德、学业水平、身心健康、艺术素养和社会实践。

基于大数据和学生兴趣开发的漂流图书馆

明建平相信，对教学数据的分析利用是提升教学质量、帮助学生成长的关键一步。

对于学校，可以了解哪些活动学生参与得最多；对于学生，也可以提升他们参与活动的热情。胡嘉经常在小区里看到有学生在做引体向上，然后在手机上进行实时打卡，有的孩子还自发形成了竞赛。一个寒假下来，有人从一次只能做三四个涨到了十几个。

相比学习成绩，卢冬梅更在意的是女儿是不是健康快乐，未来能不能做自己喜欢的事。来到信息中心之后，她始终在思索，如何利用大数据和人工智能让家长更了解孩子的学习状况，减轻教育焦虑。

"成绩并不是教育的最终目的。"胡嘉说，"我们一定是为了让孩子上清华、北大吗？并不是。我们是为了让孩子在该接受教育的年纪正常地进行学习。所以用信息化手段从数据上挖掘根源，给家长提供依据和建议，这是目的的一部分。"

教育信息化要"中西医结合"

腾讯智慧校园的"课堂教学助手"功能可以打通课前、课中和课后的数据流。学生通过校园卡跟老师互动。课后，根据课堂上答题的情况自动生成错题本。有的学校每个年级每周五中午进行一次英语测试，随后数据分和错题会一起发送给家长。家长看到孩子在每个学科中的知识点掌握情况，就不会再让孩子做无用的补习。

"我们哪怕只做到一点点，最起码让家长知道逼孩子上补习班是没有必要的，能省点钱、省点时间，孩子的幸福感就会提高一点点。"卢冬梅说。

卢冬梅希望大数据能像水母一样，展开细密的触角，触摸到每个学生在未来的可能性。

通过编程，机器会自动筛选出那些比较特殊的数据。数据显示，全区部分学生常年早到，再结合学业和食堂数据，卢冬梅发现那些长期早到且没有吃早餐的孩子，在学习成绩上确实会存在问题。团队讨论后认为，如果要长期大规模做下去，就可能产生一个建模。孩子只要产生了早到学校且不吃早餐这两个数据，就可以认为后面有可能出现学业问题，需要学校予以关注。

一位《英国侨报》的记者听完这个故事，激动地拥抱了卢冬梅。她说："我们曾经认为应试教育很不人性，对孩子不好。但是你讲的这个故事，虽然是很细微的小事，但让我感觉很温暖。"

明建平觉得，教育信息化要"中西医结合"。"数据和情感要同时发挥作用。机器永远代替不了人和人之间的交流，老师有老师的价值。"明建平说。

现在，卢冬梅已经很少看大数据相关的书了。她最近在看的一本书叫《为什么》，专门讲因果关系的。"其实咱们做大数据模型，就是要知道这个数据所呈现出来的含义，那我们就要知道为什么它能说明这个含义。如果你证明不了其中的因果关系，这个数据模型就很危险了。"卢冬梅说。

在一次团队讨论后，写满了字的白板上写着一句话："技术可以 out（输出），理念必须 in（输入）。"

注一　关于资料来源

天津和平区教育局相关案例素材，分别来自 2020 年 12 月 21 日上午在天津对和平区教育局局长明建平、和平区教育信息化管理中心主任卢冬梅的专访，当天下午对天津市第十九中学校长陈瑜和信息主任胡嘉、天津市万全小学校长赵岩和副校长高琳的采访，以及十九中学、汇文中学、万全小学、岳阳道小学进行的现场演示。

注二 关于天津市和平区教育局

截至2020年年底，天津市和平区共有17所中学、20所小学、31所幼儿园以及8家教育系统其他单位，在职教职工7000人，中小学生和幼儿近70000人。

近年来，天津市和平区教育局高度重视并牵手腾讯等互联网公司，持续推进教育信息化建设，取得了卓越成果。新冠肺炎疫情期间，和平区大规模线上教学为行业提供了可供借鉴的样板，也为未来教育模式的探索提供了全新的可能性。

深圳大学
以数字化激活高校之变

高校版"粤省事"

新冠肺炎疫情暴发后，教育部召集高校会议，每个省选派代表，讨论线上开课的问题。参加了那次会议的深圳大学信息中心副主任秦斌有两个最大的感受。第一，中国很大，中国高校发展水平千差万别，很难有一套通用的解决方案。第二，深圳大学是一个特例，深圳大学的所思所想所做，很难被简单拷贝。

会议上，不少学校还在说能不能上网、有没有 4G 的问题，还有相当多一部分学校讨论的是电脑、投影器材、中控、音箱等多媒体设备的问题。但在深圳大学，多媒体早在 2005 年前后就已经成为每间教室的标配，学生宿舍里有 40G 的专用宽带。不少学校的 2025 年规划目标，深圳大学早在几年前就已经实现。

2000 年前后，深圳大学就在探讨数字化校园的建设规划。2005 年有过一次对数字化校园的顶层设计规划，但后来由于扩建，经费不足，未能启动。

2012 年，深圳大学请 IBM 团队，用了 8 个月时间，以全球范围内的数字化校园标杆作为参照，整理了 66 个垂直业务系统。但这次，因为所需经费与预算之间无法弥合的鸿沟，最终也不了了之。

2015年、2016年前后，深圳大学开始与腾讯集团合作，最终找到了基于微信、小程序的解决方案。

　　2017年9月21日，教育部、财政部、国家发展和改革委员会正式公布世界一流大学和世界一流学科建设高校及建设学科名单，"双一流大学工程"开始实质性推进。2019年12月18日，教育部、财政部联合公布中国特色高水平高职学校和高水平专业建设计划第一轮建设计划名单，"双高计划"箭在弦上。"双高计划"和"双一流大学工程"，作为推动中国高等教育发展的国家层面的战略性工程，意味着国家对高等教育的投入不断增加，中国高校的数字化转型必将进入前所未有的新时代。

　　腾讯在智慧城市方面有诸多实践，而高校校园也像一个缩小版的城市系统。只要将底层技术能力做一定裁剪，匹配高校的应用场景即可。腾讯做科技公司该做的事情，底座之上的空间，具体的教学管理、学生管理等业务场景留给产业公司。就像广东政务平台"粤省事"，上千项便民服务并不是由同一家公司提供，可能来自千百家公司，一家会开发小程序的公司，就可以在腾讯的底座上开发一项便民服务应用。

　　深圳大学的"校园卡"平台就是在这个逻辑下产生的。上面搭载了800多项服务，完全就是一个高校版的"粤省事"。

　　秦斌说，深圳大学的校园里生活了6万多人，各种身份的人都有。在属地化管理的制度框架下，一所高校就是一个小社会。在人与人的连接方面，微信有天然优势。"校园卡"平台正是在微信、企业微信、小程序的基础上开发的。

　　而"校园卡"平台背后，有60多个服务QQ群，每个院系的教学秘书和外包客服不停地发现问题、解决问题，将产品和运营有机结合，从而激活了整个平台。这是深圳大学的创新之处，也是这座城市赋予深圳大学的最为宝贵的基因之一。

传统的实体校园卡只能用来吃饭、借书，很难拓展其他功能。而虚拟校园卡除了具备实体卡的所有功能，还可以在校庆的时候抢红包，也可以用于访客、新生任务、成绩单发放等场景。

秦斌说："在学校里，你可以轻松证明你是你自己。"

虚拟校园卡的另外一项独特功能，是保留学生与学校之间的长期连接。很多学生毕业后，几乎不再跟学校有什么关联，即便留了电话号码，也很难保证在10年、20年后不会换号码。而基于微信的虚拟校园卡，不管是学校庆典还是公益募捐，校方可以轻松触达每一个昔日学子，便捷且高效。

学生使用校园卡在学校内实现衣食住行一码通行

更重要的是，高校的数字化转型已经有机会涉及人才培养等核心职能。比如，传统的招生方式是安排上百名老师，花三四个月时间，用各种方式推发广告，希望获得最好的生源。但学校好不好，经常要看就业好不好，就业办的人认为这不关我的事，是由教学质量决定；教学部门的人认为这不关我的事，跟招到什么样的学生有关；招生部门的人认为这不关我的事，招不到好学生是因为就业不好。

数字化为打破这种死循环提供了一种可能性。借助于微信、企业微信、QQ等工具，从就业和招生切入，让学校的品牌触达每个考生，将学校的真实情况更好地触达到高三学生。吉林大学珠海学院与腾讯合作，仅用往年1/4的招生人力，达到了往年7倍以上的招生效果。

高校课堂也发生了变化。传统的教学方式是上课老师教学，下课学生做作业。所谓翻转课堂，就是把这一流程翻转为学生课前先完成学习，课堂时间变为老师的个性化答疑。数字化时代的在线教学让这种翻转不再困难：老师提前录好录像，供学生学习。真正到了课堂上，就可以创造氛围，开展项目式学习或者基于任务的学习。再加上VR头盔、辅助电子屏等设备，身临其境的场景教学同样可能实现。

疫情之下，现场教学与在线教学的"黑板+屏幕"模式也将成为常态。这两年，深圳大学有留学生滞留在欧洲和非洲，但他们的课程并没有耽误，现场教学的时候，欧洲和非洲的学生通过腾讯课堂接入。相距遥远的师生共处同一时空，实时在线，随机互动。

接下来，深圳大学计划在三年内实现虚拟现实的直播场景，让学生无论在什么地方，都能"身处"教室。

互联网提供的数字化技术和工具，正为一根教鞭、一块黑板注入新的内涵。

"腾班"之"特"

教育信息化为高校激活的能量远不只停留在硬件上。高校和互联网企业的合作，已经深入人才培养环节。

深圳大学与腾讯大厦一街之隔。马化腾、张志东、陈一丹、许晨晔四位腾讯创始人，是深圳大学89级的学生。而在30年后，四位深圳大学培养的学生以科技的方式反哺母校。

2016年十三五国家战略性新兴产业发展规划、2017年国务院《新一代人工智能发展规划》、2018年《政府工作报告》，将人工智能上升为国家战略。2017年，高盛发布的《全球人工智能产业分布》报告显示，新型人工智能项目中国占51%，但人工智能人才储备中国仅占5%左右，中国人工智能人才缺口超过500万。

在深圳大学计算机与软件学院人工智能系系主任朱泽轩看来，这些因素加起来就是深大"腾班"创办的"天时、地利、人和"。在此背景下，腾讯产业互联网学堂与深圳大学计算机与软件学院携手启动信息化建设，联袂开设软件工程特色实验班，也就是"腾班"。这是国内首创的校企合作模式，也是深圳大学和腾讯合作的一次大胆尝试。

2019年9月，深圳大学选拔了一批即将升入大二的学生进入"腾班"。由学院老师和腾讯云工程师联合面试，几百人报名，最终招收了30多人，招生比例大概是10∶1。到了2020年，"腾班"开始单独招生，分数线甚至比深圳大学其他学院高出100多分。进入"腾班"的学生，有的获过美国大学生数学建模竞赛一等奖、CCF（中国计算机学会）大学生计算机系统与程序设计竞赛金奖，也有的获过中国大学生计算机设计大赛二等奖。

"腾班"的很多课程都是新课。没有教材、没有教案、没有PPT，课程的所有内容都需要自己从头准备，既要根据学生的反馈不断更新，还要结合互联网的具体案例，把理论跟实践有机结合。这极度考验任课老师的前沿视野、科研能力、教学能力。用几位任课老师的话来说，"困难不多，但是压力很大"。

"腾班"的课程规划一部分是培养软硬件协同设计与优化思维与能力，涵盖课程包括计算机系统、程序设计、概率论与数理统计、离散数学等必修课，以及云计算工程、大数据处理与分析、系统编程等选修课；另一部分是围绕计算机视觉相关理论与应用构筑人工智能核心知识体系，如人工智能导论、脑与认知科学、机器学习等必修课，以及微处理器与机器人、自然语言处理、计算智能等选修课。

课程大纲都由深圳大学和腾讯共同制定，学校负责理论层面，而实验层面更多是由腾讯的专家提供案例教学。在课程中，腾讯向"腾班"开放了60多个典型企业和产品案例，包括机器学习、计算机视觉、自然语言处理、语音识别等，也提供了很多云计算的资源。

"腾班"的"特"，不仅在于依托腾讯、校企合作的特色课程，还在于课程特别难、特别花时间，用学生的话来说就是"特别秃头"。

朱泽轩介绍，由于"腾班"的课程内容始终处于行业最前沿，需要不断翻新迭代，所以课程难度和深度比其他班"至少多三成"。在一次大一的调研会上，其他班都说课程太轻松了，希望加一下难度，只有"腾班"的学生说"不要再加了，我们好累"。

正在读大二的 2019 级"腾班"学生霍晓雨说，相比其他"难顶"的课程，编程语言算是相当轻松的学习内容了。当别的班的学生还在课上一点点学习编程语言时，"腾班"老师给出的要求是：自学。包括霍晓雨在内，"腾班"学生都是在课后利用业余时间自学编程语言，因为课上学习"浪费时间"。他们需要把宝贵的时间留给更"秃头"的课程。

"机器学习"课程的任课老师赖志辉说，他经常在后半夜接收遇到难题的学生们的"求救"，而他也经常在同样的时间"骚扰"过腾讯的工程师。学生、老师、工程师经常在深夜或者凌晨热火朝天地讨论问题。朱泽轩说，这样的情况是"腾班"的日常。

"腾班"的老师不仅在深圳大学的讲台上，也在腾讯的工位上。腾讯的工程师会就行业发展趋势和企业最新动向定期给老师进行培训，也会不定期跟"腾班"学生交流。除了当面沟通，学生通过微信、QQ、腾讯会议等各种线上渠道，都可以随时联系到腾讯的"老师"。

"腾班"有一门很受学生欢迎的"人工智能实训课"。在这节课上，学生会在老师的引导下复现市面上已经投入使用的人工智能产品。第一届"腾班"的学生拿到的是和教育本身紧密相关的案例：拍照搜题。市面上的拍照搜题软件可以说是学生和家长最经常接触到的人工智能，遇到不会的题只需要用手机摄像头把题拍下，应用软件就会自动给出解题方法。

操作起来十分简单的搜题过程，背后需要解决的是多层技术难题：拍照上传题库的过程涉及图像识别，人工智能搜题的过程涉及机器学习。腾讯教育腾讯产业互联网学堂负责人钱栩磊说："搜题软件很多中小学生都在用,但这背后的技术是什么、怎么做出来的,很少有高校会带学生复盘。"复盘之后,学生们就会用搜题产品的技术去做其他类似的应用,比如拍照识花软件、物理识别软件。

腾讯的"老师"还会在"腾班"的课上拆解服务企业、开发产品的过程,将整个研发、测试流程贯通。比如,要开发一款互联网C端产品,涉及从后端架构到界面、UI设计,服务器该如何部署,活动要怎么安排,进行哪些渠道推广,内部外部如何导入流量等。课程的基本目标是,学员们做过这一款产品就知道其他产品该怎么做了。

为了进一步推动人才的实训和就业,深圳大学计划跟腾讯云合作成立认证中心,让学生在完成课程后有更多的机会参与到腾讯的认证考核体系中,为之后的就业做准备。这也是腾讯云在国内高校设立的第一个认证中心。

第一届"腾班"的第一节班会,就是一场校内老师和腾讯老师的大集合——在这场班会上,腾讯最好的一批工程师也位列其中。有同学开玩笑:"大家已经提前和腾讯的前辈成了'同事'。"

注一　关于资料来源

"腾班"相关案例素材,分别来自2021年1月11日下午在深圳腾讯大厦对腾讯教育腾讯产业互联网学堂负责人钱栩磊的专访,2021年1月22日下午在深圳大学对计算机与软件学院人工智能系系主任朱泽轩、计算机与软件学院人工智能系副主任冯禹洪、"人工智能导论"任课老师高灿、"机器学习"任课老师赖志辉、"计算机视觉"任课老师及视觉所所长沈琳琳的专访以及现场走访。

深圳大学相关案例素材,分别来自2021年1月11日下午在深圳腾讯大厦对腾讯云高等教育行业总经理李裕的专访，2021年1月22日下午在深圳大学对深大信息中心副主任秦斌的专访以及现场走访。

注二　关于"腾班"

深圳大学2020年新设"软件工程"特色实验班又被称作"腾班"，由深圳大学与腾讯公司共建，为深圳大学广东省首个人工智能学院"腾讯云人工智能学院"的主要依托，面向科研和产业链对人工智能领域人才的迫切需求，充分利用计算机与软件学院优秀师资和人工智能科研优势及核心特色课程，并结合腾讯云的教育云资源、企业案例、腾讯的实习实训机会等，采用产教融合、创新、创业型人才与技术应用型人才互补的培养方式，培养学生对人工智能工程问题的发现、分析、设计、实现和优化能力。

深圳大学计算机与软件学院建设有大数据系统计算技术国家工程实验室等平台。USNEWS公布的最新学科建设排名显示，深圳大学的计算机学科排名全球第100位，国内第23位。软科2018中国最好学科排名显示，深圳大学计算机学科跻身前10%，全国第21位。

注三　关于深圳大学

深圳大学1983年经国家教育部批准设立。建校伊始，学校在奖学金、学分制、勤工俭学等方面进行了积极探索，率先在国内实行毕业生不包分配和双向选择制度，推行教职员工全员聘任制度和后勤部门社会化管理改革，在全国引起强烈反响。

深圳大学已形成从学士、硕士到博士的完整人才培养体系以及多层次的科学研究和社会服务体系，成为一所学科齐全、设施完善、师资优良、管理规范的综合性大学。

小　结

　　教师和医生，都是人类历史上最为古老的职业。几百年来，医生行医，从只背一个药箱到手术室里有各种各样先进技术设备。而教师的工具，始终是一根教鞭、一块黑板。

　　20多年前是中国教育数字化转型的起步阶段，校园里开始拉网络、建校园网、做硬件、搭机房、配服务器等。到2015年前后，学校开始搭建三大支撑平台：统一身份认证平台、数据共享平台和统一门户平台。平台联通了学校各个处室自建系统导致的信息孤岛，相当于在一条一条独立的桌腿上面加了一张桌面。

　　最初的教育信息化开始让老师们从只有教鞭和黑板，到拥有了电脑、投影仪和网络宽带。

　　但这远远不够。

　　教育不只是传授技能，更是一项启迪灵魂的工程。与互联网企业合作的教育信息化让教育拥有了"大脑"，让老师能够了解学生，学生能够了解自己。而这种了解并不仅仅停留在学习上，也包括身体、心理、现在与未来。

　　未来已来，变革持续发生。如安托万·德·圣·埃克苏佩里描绘的，对教育来说，数字化这件事就像收集造船的木料，推动数字化就像分配工作、发布命令。然而，置身教育系统之中的人们需要的并非这些，他们需要的是对教育未来之海的向往，也因此重重阻力必然长期存在，邓肯口中的"结构化变革"迟迟难以发生。

> 不过，乐观的希望已然出现，如我们持续走访的天津和平区教育局、深圳大学"腾班"以及深圳大学的案例所展示出来的，当数字化持续深入、连接持续延展，数字化激活了招生、教学等高校核心职能，智慧教育的"星辰大海"还会远吗？

第八章

医疗
"看病难"的破题曙光

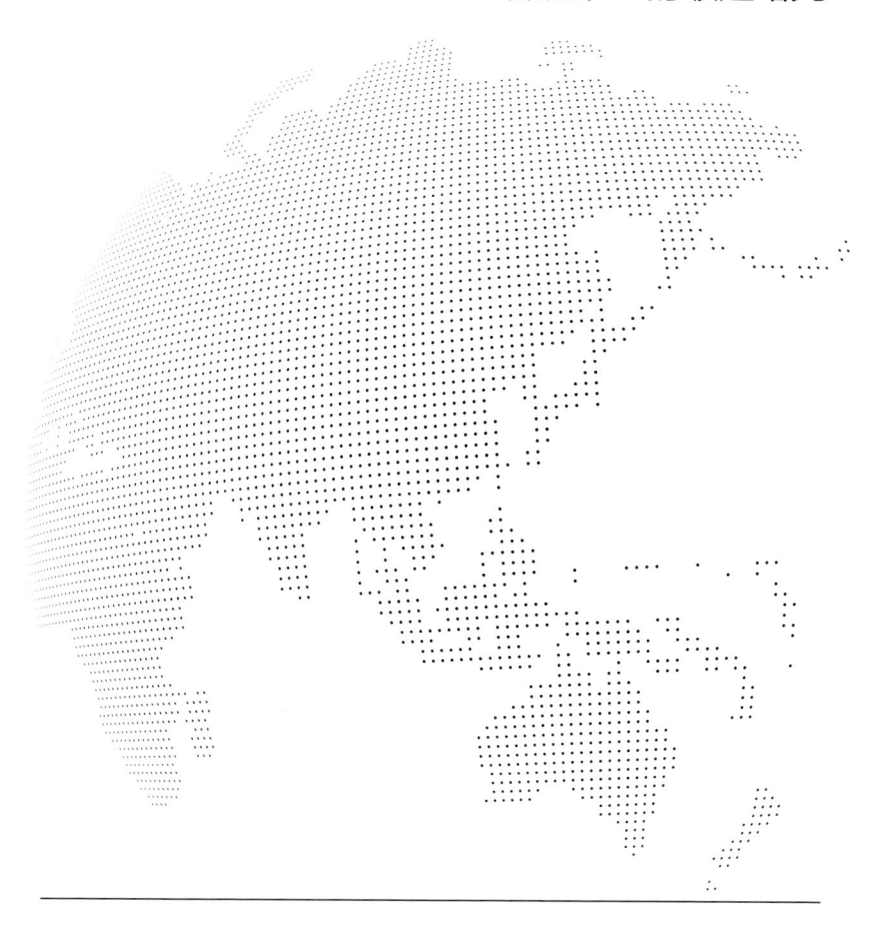

开 篇

生病求医、治病救人,看起来非常简单的医患"供需关系"却难以平衡。

纵使截至 2020 年年底,我国共有医师 408.6 万人,每千人口医师数达到 2.9 人,达到全球高收入国家的水平,全年全国的总诊疗人次达到了 77.4 亿人次,支撑起了世界上最大的医疗服务体系,但和老百姓就医需求相比,医疗资源依旧比较紧缺——医院里"专家号"紧俏,挂号时间长、候诊时间长、取药时间长、就诊时间短,俗称"三长一短",情况严峻。

早在 1979 年我国启动"医改"之初,克服"看病难"问题就已经被提上了我国医疗卫生体系发展的日程,成为"医改"的核心目标。往后的 30 年间,以"市场化"为中心的"医改"没能修得正果。于是,2009 年启动的"新医改"让医疗事业重回社会公益性。10 年间,仍是针对"三长一短"老问题,连续两轮"三年行动计划"继续死磕"看病难"。

2015 年或是"新医改"打开新局面的一年。这一年的 5 月,国家卫生计生委办公厅与国家中医药局办公室联合印发《进一步改善医疗服务行动计划》实施方案,启动第一轮三年计划。两个月后,国务院印发《关于积极推进"互联网+"行动的指导意见》,

"国字头"的"互联网+"战略，把一直在医疗服务中扮演配角的"信息技术"推到了聚光灯前。时任国家卫生计生委副主任马晓伟，在出席"2015年度进一步改善医疗服务行动计划现场会"时谈到，要加强信息化建设，充分发挥信息化手段的积极作用，积极探索"互联网+医疗服务"有效模式，充分依托现有的信息化建设成果，对现有的医疗服务流程进行优化，对医疗服务模式进行创新。

随之而来的便是在线挂号预约、在线医保支付、在线问诊、智慧医院、互联网医院等接踵而至的"新医疗"概念。三年后，第二轮"进一步改善医疗服务行动计划"在2017年年末启动，更大幅增加了数字化的要求：从远程医疗制度到检查检验结果互认，从电子健康卡到电子病历，从"互联网+护理上门"到智慧医院建设……目标在三年内逐步形成区域协同、信息共享、服务一体、多学科联合的新时代医疗服务格局。

2021年3月，国家卫生健康委规划司司长毛群安在介绍推进"互联网+医疗健康""五个一"服务行动成果时透露：截至当时，7700余家二级以上医院建立起了预约诊疗制度，提供线上服务，全国建成的互联网医院已经超过了1100家。"'互联网+医疗健康'在很多医疗机构逐步从'可选项'变成了'必选项'，从'锦上添花'变成了'雪中送炭'"，他认为互联网医疗已经成为医疗服务的重要组成部分，公众在看病就医过程中也得到了更好、更便捷的体验。

毫无疑问，十年"新医改"恰好也是"互联网+"在中国遍地开花的十年，以互联网为代表的数字化工具激活了医疗健康领域的创新活力。

创新不仅体现在治病的本质中——患者与医生之间的交流和对

症诊断：从 2017 年开始，在上海市肺科医院工作了三年的胡洋加入腾讯医典等互联网平台，进行科普创作。四年间，他发布了 2000 多篇文章、1600 多条短视频，累计阅读量超过 7 亿人次，为 1 万多名患者提供线上咨询，收获 1000 多条用户好评……如今，胡洋已经积累了 400 多万粉丝，粉丝数量跟一个中小型城市的人口总量不相上下。

"医疗的本质是社交。只有借助互联网的连接能力，才能回归医疗本质。"胡洋医生说。

创新也体现在一个大型综合医院的日常运营中：对一位管理着 4000 多位医护工作者的院长而言，陈俊强经常因门诊大楼人满为患、患者就诊体验不佳的问题而思考——如何让看病更简单便捷，如何让患者少跑一点？广西医科大学第一附属医院的大胆尝试是——把全院医护工作者整体"搬"上网。这件事情从 2020 年 2 月开始，首批上线的肝胆外科主任医师尚丽明，2020 年在线接诊量为 2567 人次，接诊量最大的医生接诊量超过 7000 次。

AI 预问诊能将医生的问诊效率提升 30% 以上，线上问诊计入日常工作考核，开通"互联网+护理服务"让"患者跑"变成"医护就近跑"……经过一系列的数字化改造，陈俊强希望门诊中高达三成的复诊患者可以通过网络在线咨询或送药上门完成就诊。而这其中起关键作用的，正是互联网医院。

创新也体现在一座超大型城市的居民健康管理上：深圳市南山区的 200 多万常住居民，在不知不觉中已置身于领先全国的智慧医联体中——区内 6 家医院、近 100 家社区健康服务站被"裸光纤"连接在了一起，以华中科技大学协和深圳医院（也称南山医院）为中心，整个南山区的医疗机构实现了数据共享和服务打通，人工智能、大数据、云计算等技术的应用让区内实现了流行病学相关的症候群密切监测。

华中科技大学协和深圳医院网络技术科主任朱岁松认为,新的技术手段有助于价值医疗变为现实。"在患者病有所治的基础上,借助先进的技术手段,提供更好的体验、更高的性价比,让患者、医生、管理者都能求得最优解,这就是医疗的价值。"

从平凡的医生个人到区域龙头"大三甲"医院,再到"黑科技"满满的区域智慧医联体,互联网的数字化工具正加快医疗服务的创新改造。困扰国人40年之久的"三长一短"看病难问题,正现破题曙光。

医师胡洋
让互联网成为医生的价值放大器

发布 2000 多篇文章、1600 多条短视频，累计阅读量超过 7 亿人次，为 1 万多名患者提供线上咨询，收获 1000 多条用户好评……

从 2017 年开始，在上海市肺科医院工作了三年的胡洋，加入腾讯医典等互联网平台，进行科普创作。这是他四年里交出的成绩单。

如今，从同济大学博士毕业的胡洋，已经积累了 400 多万粉丝。这是一个多大量级呢？跟一个中小型城市的人口总量不相上下。

胡洋现在的工作可以分成两部分。一部分是线下，基本上每月会看 500 个病人。另一部分是线上，借助腾讯云医等数字化工具，在通用型科普内容之余，针对患者个性化、长尾需求进行解答，每月也有 400 人左右的规模。

互联网为众多像胡洋这样的医生，开辟了一片天地，不仅带来收入的提升，更重要的是成为一种管道，为患者提供更好的服务。

医疗的本质是社交

一位患者家属通过网上一篇肺部小结节的文章，带妈妈到线下找胡洋医生就诊。

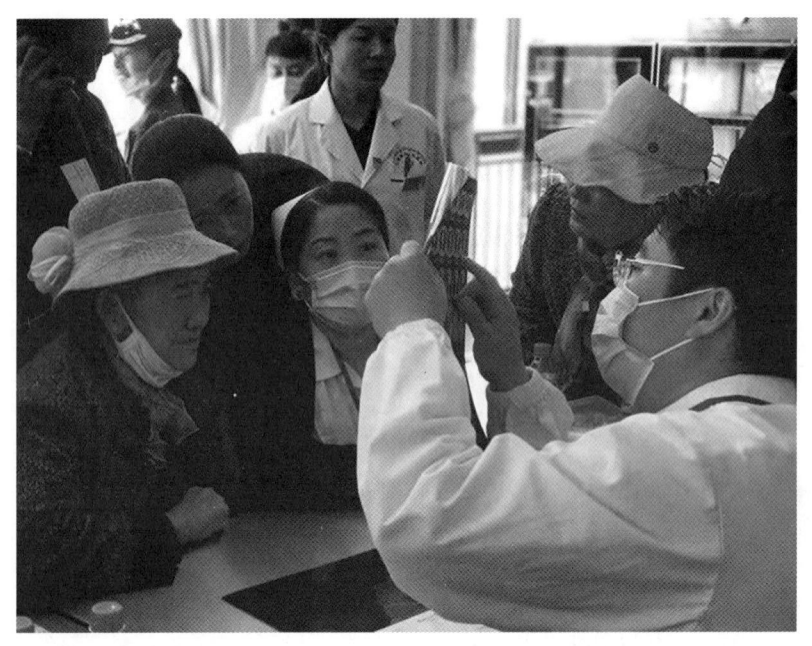

胡洋医生帮患者看诊

拍片后，胡洋发现，患者不但有小结节，还有一些肺大泡。通常来说，肺大泡和吸烟有关，可了解下来，这位患者并不吸烟。

结合过往经验，胡洋判断，这可能是风湿免疫性疾病引起的干燥综合征。他当即询问了相关症状，果然找到了症结所在。

在胡洋的建议下，患者到另外一家风湿免疫性疾病知名医院就诊，最终确诊，得到有效治疗。

这是胡洋最近遇到的一个病例。这个病例说明了什么问题呢？说明了信息有效流动产生的价值。

患者通过科普文章找到胡洋，在胡洋的门诊中发现新的病症，到另外一家更匹配的医院就诊，经过规范化的对症治疗后，患者还会继续在互联网诊疗平台找胡洋咨询康复问题。

在医疗流程极其复杂的当下，以医生为主导的规范化科普内容能够提供很好的路径指引，将患者指引至最契合的医疗服务，实现效率和价值最大化。

在这个过程中，医生得到了什么呢？得到了与患者的有效连接，得到了患者的信任，得到了最为宝贵的口碑。

过往的医疗服务更多局限在医院场景内。医生没有时间，也没有精力，与患者进行充分交流。互联网恰恰提供了这个空间，医生和患者可以在院外场景中充分沟通。

一方面，互联网可以打破物理边界，实现快速高效的信息交换。另一方面，移动互联网长线开机、长线在线的属性，让医生与患者延续、不断点的连接成为可能。

同时，随着多点执业等政策的放开，借助科普与患者建立起来的信任连接正在释放出更大的价值，帮助医生树立口碑。

互联网不仅能够帮助医生释放巨大的生产力，更重要的是，通过信息和服务的良性流动，带来医患关系的优化。

医疗服务的提供不再只是一次交易行为，而是伴随交流和情感需求的满足，成为医生的价值放大器和智能助手，提升医生的职业幸福感和获得感。

正是在这个意义上，胡洋医生认为，医疗的本质是社交。只有借助互联网的连接能力，才能回归医疗本质。

信息流改变慢病管理

随着人口老龄化日益严峻，心脑血管、肿瘤等慢性病在疾病总负担中成为主导。在这种背景下，互联网如何以医患社交连接，实现从治疗到健康管理的转变？

在胡洋看来，慢性病的长病程管理，涉及大量信息交换，以及患者情感诉求的满足。

越来越多的轻量级数字化应用可以将慢性病的管理干预链条从诊中向诊前、诊后环节延伸，从而帮助医生提高管理效率，降低工作负担。胡洋医生说，从最初的电话沟通到后来的微信建群，再到现在开始使用互联网平台，他试过不同的连接方式。胡洋医生的患者会先去看他的科普文章，解决不了问题时再看他的直播，再解决不了问题时，就到腾讯云医这样的互联网平台找他。"这样层层分流，可以节省医生和患者很多时间，带来更好的就医体验。"

同时，慢性病患者在这一过程中，对自己的身体状况有了长期有效的跟踪监测，医患双方能更精确地掌握管理进程。

以手机作为辅助，开发专门的轻量级工具，通过数字化生物标记物帮助医生解释和预测疾病走向，也是腾讯在医疗领域的重点发力方向。比如通过手机拍摄皮肤图片，对银屑病患者进行愈后评估、预测复发概率等。

数字生物标记物研究能够促进对可测量的生物过程与临床结果之间关系的了解，可以帮助患者和医生更早、更快、更准地发现疾病征兆。

胡洋医生已经在与腾讯云医团队合作，针对肺科相关疾病，开发诸如肺部小结节标注工具、科普智能问答等应用。他们希望通过自然语言理解、影像、语音等技术，让患者通过人机对话，能在家中解答大部分问题。

这些工具化应用，一方面可以在前端环节帮助患者和医生进行适配，另一方面可以在诊后环节，实现医患长效连接，通过疾病信息的不间断传输，提高诊疗的效率和效果。

"从治疗到健康管理的转变，医疗服务的模式和理念也要相应变化。"在胡洋医生看来，慢性病管理无法通过手术、用药等单一医疗服务解决，更多地与生活方式的干预和管理高度相关。

"医疗的定义要外延扩展。医生在提供医疗服务之外，对患者生活方式的干预，以及情感沟通都很重要。"胡洋医生认为，让患者可以更简单地看病就医，让医务工作者可以更高效、安全地提供高质量的医疗服务，这正是"互联网＋医疗健康"最终要达到的理想状态。

胡洋医生是互联网时代下品牌医生的缩影。

医生是一个经验积累型行业。医生的诊疗能力很难通过互联网或者机器进行简单的复制。然而，互联网的本质是连接和共享。而在医疗领域，存在着巨大的信息不对称，互联网科普可以让医疗知识充分共享，构建医生和患者高效连接、互动的桥梁，推动医疗资源的精准匹配，进而激活整个医疗体系的高效运转！

截至 2020 年年底，全国像胡洋一样尝试多点执业的医师数量已达到 29.3 万，其中到基层执业的医师占比 40.2%。

注一　关于资料来源

胡洋医生相关案例素材，来自线下采访。

注二　关于胡洋医生

胡洋医生是同济大学附属上海市肺科医院呼吸与危重症医学科副主任医师，同济大学硕士生导师。中华医学会会员，上海医学会肺功能学组会员，曾以第一作者在国内外知名学术期刊（包括 CHEST 等）发表多篇研究文章；擅长间质性肺病、肺结节病、弥漫性泛细支气管炎、慢性阻塞性肺病、支气管扩张、支气管哮喘、肺部肿瘤、上呼吸道感染、肺部结节等疾病的诊治。

广西医科大一附院
"持证上岗"的一体化医疗服务新模式

广西百色靖西市地处中越边境，距离广西首府南宁400多公里。

有位家住靖西的肿瘤患者，需要采用PICC（peripherally inserted central venous catheters，经外周静脉穿刺中心静脉置管）术，这是普遍使用的治疗手段。在这名患者的治疗周期中，总共需要做16次PICC护理，否则容易导致栓塞、堵管和静脉炎。

这意味着什么呢？意味着他要在靖西和南宁之间往返16次，单程8个小时，而护理本身只需要15分钟。

对患者来说，预约挂号难、候诊时间长、问诊时间短、就医体验差。对医生来说，大量的常见病、复诊开方病人占据了他们的时间，让他们无法把精力集中在疑难杂症上，临床医技进步缓慢。

但如今，患者不再需要在靖西和南宁之间长途奔波，只要通过广西医科大学第一附属医院（下称"广西医科大一附院"）"上门护理"专区，线上预约内置的PICC导管维护服务，足不出户便能享受上门服务。

那么，广西医科大一附院"线上线下一体化"的医疗服务体系，是如何构建的呢？

广西医科大一附院构建"线上线下一体化"的医疗服务体系

三分之一的患者其实没有必要跑门诊

PICC 护理是广西医科大一附院启动互联网医院项目的其中一个创新点。

通过与全省 133 家医疗机构合作，设立了 133 个 PICC 维护合作网点，经过广西医科大一附院的统一培训，基层医生完全有能力在线下就近完成这项工作。

过去两年中，广西医科大一附院依靠腾讯健康、和湛科技等技术方的支持，打造在线诊疗、处方开具、在线取药等功能，并已形成闭环，让患者足不出户便能免费问诊，也让广西医科大一附院成为广西首批拥有互联网牌照的公立医院。

如果只是把互联网作为线下医疗的补充场景，不触及核心医疗流程，"持证上岗"的互联网医院其实也很难改善医患痛点。

但在广西医科大一附院，医疗服务已经被数字化充分重构，开始真正提升医患体验。作为广西首家三级甲等综合医院，广西医科大一附院迈出的第一步是把全院医护人员整体搬到线上。与此同时，智能导诊、在线诊疗、影像档案、处方共享、药品配送等一系列流程，都可以在腾讯健康小程序中完成。

从 2021 年 2 月开始，广西医科大一附院的 4000 多名医护人员陆续被接入智能化在线门诊系统，其中高级职称的就有 528 位。在全国所有的三甲公立医院中，医护人员全数上线的恐怕只此一家。

尚丽明是首批上线医生之一，他是广西医科大一附院肝胆外科主任医师，同时也是医院医务部部长。他的在线门诊页面显示，接诊量为"2567 人次"。

"咨询最多的就是一些复诊患者，在我这儿动过手术的，可能身体上有些反应，他想要知道是不是正常的，或者饮食上有哪些需要注意的。大部分患者在回答完以后，都不需要来医院。"

尚丽明的感受，符合医院对门诊患者的判断。

过去几年，广西医科大一附院一直在对门诊患者做画像分析，得出的结论是，在每年 200 多万的门诊患者中，复诊患者的比例达到 57%。

这部分患者中，超过 1/3 既不需要检查，也不需要治疗，在门诊开完处方、取完药就能走人。这正是医院把所有医生"逼"到网上的最大动力。

好的想法必须有好的制度来保障。广西医科大一附院将线上问诊计入日常工作考核，保证每个科室 24 小时都有人在线。

要想把实体医院完整地复刻到数字世界里，最核心的变量是人。

从目前的效果来看，医生们对这些改革表示欢迎。一方面，医院对此会有小额奖励。另一方面，大家也相信，随着互联网医疗政策的逐步放开，线上问诊会成为不可或缺的病患沟通渠道。

智能化在线门诊系统上，接诊量最大的医生接诊量已经超过了7000次。按照一年的时长计算，平均每天要回复20多名患者。

4000多名医护人员的触网，只是广西医科大一附院启动互联网改造的外部表现，更有价值的改变发生在背后。

比如AI预问诊。成功预约就诊时间后，患者可以通过腾讯健康平台，提前发起线上沟通。AI机器人会通过预约的科室或疾病类型等信息，向患者提问，尽量为医生搜集患者病史、主诉等信息。

对医生来说，一个更便捷的功能在于，这个由AI自动生成的电子病历成为医生为患者断症的好帮手，节省了大量书写病历的时间，大大提高了医生开处方的效率。

前期试点调研显示，没有接入AI预问诊前，一个医生半天最多看30个患者，接入以后，半天能看40个，效率提升30%以上。

把实体医院复制上网

当整个医疗资源从线下迁移到线上，势必会重塑医疗服务流程。

"我们做的事情，本质上是打穿了HIS（hospital information system，医院信息系统），让它能和外部的问诊数据连接在一起。只有做了这件事，线上线下的一体化才算真正融合在了一起。"撮合广西医科大一附院和腾讯健康深度合作的服务商和湛科技CEO张晓东说。

"线上线下一体化"是2020年12月国家发布《关于深入推进"互

联网+医疗健康""五个一"服务行动》中的关键词。文件要求，医疗机构要充分运用互联网、大数据等信息技术，拓展服务空间和内容，积极为患者提供在线便捷高效服务，以及随访管理和远程指导，逐步实现患者居家康复。

从广西医科大一附院的实践来看，打通线上线下一体化后，相当一部分患者不需要再跑医院。即便在就近的基层医院，患者也能享受三甲医院的远程服务。

这正是国家大力倡导的"分级诊疗"：大病去医院，小病在基层。那位家住靖西的肿瘤患者，正是受惠于此。

长期以来，患者更愿意选择大医院，要么直接跑来三甲医院做检查，要么拿着基层医院做的检查报告到三甲医院找医生问诊。广西医科大一附院统计发现，门诊患者中，要做检查的比例超过三成。其中，CT、心电图等影像检查又是大头。

针对这种情况，广西医科大一附院在线上增加了"影像档案"功能。患者可以就近选择基层医院进行影像学检查，把结果上传到个人的影像档案。发起线上问诊时，患者可以授权广西医科大一附院的医生调阅自己的影像档案。必要时，就诊医生还可以在平台上找到给患者做检查的基层医生，发起多方通话。

借助腾讯健康的用户触达能力，广西医科大一附院接入的是12亿用户的微信生态圈。患者不需要下载其他程序，就能直接抵达医院的互联网平台。这对想要集纳更多高质量病例的头部三甲医院来说，是一个理想的导入方式。

广西医科大一附院院长陈俊强说："实体医院做互联网，不是简单地把线下的服务搬到线上，而是创造了一种新的融合。它能让患者感觉到方便，同时也没有丢掉安全感。"

线上线下一体化的融合服务，背后是从连接到激活带来的全新医疗服务模式，创造了巨大的价值：一方面，让患者在不降低医疗需求的同时，提升患者体验和满意度；另一方面，医院的运营效率也得到了更大的释放，同一单位时间内接诊人数和效率都得到了提升。

更重要的是，广西医科大一附院也通过这种模式拓宽了实体医院的物理边界，让跨地域的精准诊疗成为可能。比如，在地中海贫血的诊疗方面，广西医科大一附院居于全国领先水平，但很多患者可能并不清楚这件事情。"我们的平台触达能力可以帮助医院突破地域限制，把领先的技术水平扩大到全国范围，造福更多患者。"腾讯健康产品负责人吴志刚表示。

广西医科大一附院小程序主页

注一　关于资料来源

　　广西医科大一附院相关案例素材，来自八点健闻（《4000名医护人员集体上线，一家顶尖三甲医院的大型社会试验》）。

注二　关于广西医科大一附院

　　广西医科大一附院创建于1934年，三级甲等综合医院，是广西临床医疗、医学教育、医学研究、医疗保健及疾病预防的中心。

　　医院有临床科室46个、病区69个、医技科室19个、床位2750张。年门急诊服务患者267万人次，年手术5.2万台次，年出院患者12万人次。同时与广西各级医院建立"联盟、技术合作"：紧密型医联体（1家）、对口支援医院（3家）、技术协作医院（85家）、社区卫生服务中心（22家），推行双向转诊、分级诊疗制度。

　　2018年12月4日，被国家卫健委公布为首批肿瘤多学科诊疗试点医院。

华中科技大学协和深圳医院
医疗数据互联互通的"南山实践"

2021年1月12日,华中科技大学协和深圳医院(下称"深圳南山医院")的可视化看板上,显示着这样一组数字:

有发热症状的患者,南山区2801人,深圳其他区123人,外市8865人。相应的年龄分布中,20~29岁的患者占比最多,其次为30~39岁的患者。性别占比中,女性患者55%,男性患者45%。

可视化看板上的其他区域,以热力图的方式将这些与流行病学密切相关的信息,直观地映射到南山区的街景地图上。

发热只是症候群目录下的第一个子目录,其他子目录还包括腹泻、皮疹、咳嗽、肺结核、手足口病等。

而症候群也只是整个可视化看板上的一个类目,其他类目还包括总览、门诊、住院、患者、资源、新冠等。

可视化看板是深圳南山医院探索智慧医疗的直观体现。在腾讯数字化助力下,将非结构化数据转化为有价值的数据资产,利用人工智能帮助医生降低基础工作强度,与腾讯云合作实现影像的秒级三维重建,南山区的6家医院、近100家社区健康服务站连成一体,产业互联网正推动医疗服务模式的重大转变。

深圳南山医院网络技术科主任朱岁松认为，新的技术手段有助于价值医疗变为现实。"在患者病有所治的基础上，借助先进的技术手段，提供更好的体验、更高的性价比，让患者、医生、管理者都能求得最优解，这就是医疗的价值。"

结构化数据中的宝藏

深圳南山医院的智慧医疗是从结构化数据开始的。

医疗数据的结构化，是什么意思呢？比如，患者在主诉症状的时候，可能会说"我昨天发烧39度多"。这就是一段非结构化的数据。医生当然能听懂这句话是什么意思，但人工智能不明白这句话意味着什么。

非结构化数据如何转变为结构化数据呢？得有一个公式。比如，还是上面这句话，用结构化的方式表达就是"体温>39度"。

有一个标签类别、对应一个字段，这就是人工智能能听懂的方式。同样的道理，姓名等于张三，性别等于男，出生时间等于2000年1月1日，这都是结构化数据。

本节开头有一个词，叫症候群。按照正式的定义，症候群的意思就是综合征，指的是动植物疾病、功能失调、病态呈病灶或损伤的一组典型征候或症状。

这个定义看上去不太容易理解，举个例子。一种疾病会有多种症状，比如感冒，可能会发烧，可能会咳嗽，可能会鼻塞，也可能会同时表现为几种症状。发烧、咳嗽等症状，就是所谓的症候群。在朱岁松看来，从流行病学的角度，以症候群来结构化数据比起以疾病名称来结构化数据，是一个很大的进步。

为什么这么说呢？"按疾病名称来做分析，通常不准确。但反过来，以发热这种症候群来做分析，不管是感冒导致的发热，或是肺炎导致的发热，或是其他原因导致的发热，总体发热人群的增加一定是公共卫生方面值得关注的问题。"

那么为什么此前不能按症候群分类呢？根本原因还是在于数据的获取。所有的诊断症状都"潜伏"在病历本中，没有被结构化，无法成为有效的数字资产。

深圳南山医院通过联邦学习等技术手段，把1200多万人次的4000多万份病例，进行了数据的结构化输出。

联邦学习是一种人工智能基础技术。A有A的数据，B有B的数据，两个数据都无法单独跑出一个模型来。那就把A和B加起来，放在一个封闭的数据集中，共同跑一个模型，然后大家共享。在这个过程中，A的数据还是A的，不会碰到B的数据，B的数据也同样如此。而且，深圳南山医院的隐私数据都被严格保护，相关症候群信息只被用作流行病学研究。

这些研究，在这次新冠肺炎疫情防控中，发挥了重要作用。比如，深圳南山医院检索最近三天的发热病人情况，结合LBS（location based services，基于位置的服务）应用，明确找到发热病人相对集中的区域，分析发热病人的年龄等状况，启动医院与社区健康服务站的联防联控。前端的街景地图与后端的结构化数据源，组成了一张实时变动的疾病监控图，能将流行性疾病控制在最小范围内。

深圳南山医院不同门诊区间的预警，也是基于大数据的应用。比如，皮肤科、内科、耳鼻喉科等不同科室的不同医生，就诊时间不同、等待时间不同，如何调配好医生资源，让患者有最佳就医体验？根据深圳南山医院建立的数学算法模型，某个门诊区间显示为红色，意味着这里需要增加医生、疏导患者。

"光速"影像三维重建

深圳南山医院与腾讯云合作的医疗 PaaS（Platform as a Service，平台即服务），是智慧医疗向纵深发展的重要成果。

医学影像文件又大又多，往往一个患者的医学影像文件就能达到 1G。1G 是个什么概念呢？如果保存成文本格式的文章，一个英文字母是 1B，1GB 就是 10.7 亿个英文字母。

这么大的数据量，如果存放在医院局域网的机房里，机房很快就会不堪重负。不堪重负有两层意思：一方面医院需要投入巨资增添新的服务器；另一方面医生在调取影像文件的时候，需要等待很长时间。

从 2018 年开始，深圳南山医院选择在腾讯云上部署医疗 PaaS。

"为什么选择腾讯云？云其实是一种技术架构的改变，它的原理是分布式对象存储。"朱岁松是个技术狂人，业余时间几乎都在研究最新的前沿技术。

医院局域网的架构有两种存储方式，一种是 NAS（network attached storage，网络附属存储），一种是光纤存储。NAS 方式适合历史数据存档，因为容量大、费用低，朱岁松甚至用了"廉价"这个词来描述 NAS 方式的费用情况。但 NAS 方式的速度非常慢，如果不是历史数据，会极大地影响医生的工作效率。光纤的速度非常快，但容量和费用又成为很严重的问题。

这就是为什么很多大医院的 PaaS 效率低的真正原因，因为局域网的技术架构是有弊端的。通过纵向扩容的方式，把交换机由 8G 升级到 16G、32G，只是量变，引发不了质变。

云的分布式对象存储，是一种什么情况呢？它会把 1 个文件切成成千上万个小块，每个小块用哈希函数分装之后，就可以不考虑顺序问题了。这样一来，存储的时候一把撒下去，瞬间完成。读取的时候，就像拉渔网一样，绳头一拽，成千上万个小块同时被收起，按照哈希序列一下子组合成文件。

深圳南山医院和腾讯云之间，有两条专用万兆光纤，确保数据存储和读取的高效。

这样做的效果是什么呢？

以医院里常见的双源 CT 为例。这是一种通过两套 X 射线球管系统和两套探测器系统，同时采集人体图像的 CT 装置，英文名是 Dual Source CT。它的定义是什么并不重要，重要的是一次双源 CT 会产生六七百张甚至上千张影像文件。在以前的架构下，读取一张影像文件，运气好的话，二三十秒可能会完成，运气不好，花费一两分钟甚至更长时间也完全可能。如果涉及图像渲染，通过三维重建，把影像文件还原为解剖一级的那种实体图像，要是没有独立的显卡，鼠标拖尾、停滞甚至直接死机，都是非常正常的事情。但在分布式对象存储和万兆光纤的加持下，深圳南山医院的医生即便在业务高峰期，读取一张影像文件都可以在 1 秒之内搞定。

这意味着什么呢？朱岁松说："一旦完成三维重建，医生在手术中切开患者颅骨之后，再旋转一下，这些数据就立刻被收集起来。这意味着医学方面的人工智能很快可以得以应用。"

华中科技大学协和深圳医院（南山医院）自助挂号

找专家看病不一定非得到"三甲"

在医疗数据的互联互通方面，南山区医疗集团的"1+C+N"整合模式，走出了一条新路。

在"1+C+N"模式中，"1"为南山区医疗集团总部，"C"为集团成员单位，"N"为辖区其他高水平医疗机构。近100家社会健康服务站定位于"基层"，包括深圳南山医院在内的多家高水平医疗机构定位于"高地"，医疗集团则是"基层"与"高地"之间的组织连接。医疗机构之间的物理连接是通过裸光纤实现的。所谓裸光纤，是指中间不经过任何交换机或路由器的纯净光纤线路。

通过这种方式实现有机连接之后，南山区医疗集团搭建了全方位覆盖辖区近200万常住居民的医疗服务体系。很多其他医疗机构的所谓痛点，在这里得到明显改善。

比如，其他医疗机构有个数据互联互通的问题，A医院的数据，B医院是没法使用的。而在深圳南山医院做了双源CT之后，就算患者回到社区健康服务站，照样可以完整调阅所有影像文件。深圳南山医院放射科的医生，能调阅多少影像文件、能调阅什么类型的影像文件，社区健康服务站的医生同样能够做到。

比如，检查结果的互认问题，A医院的检查结果，B医院不承认，患者明明刚在A医院做了一套检查，到了B医院还得再做一遍。但在南山区，就不存在这个问题，所有检查结果、诊断结果，彼此之间都能直接调阅。

朱岁松自问自答："你的左手和右手，需要互认吗？不需要。我们彼此之间就是左手和右手的关系。"

再比如，三甲医院的专科医生下基层之后，被吐槽还不如社区医院的全科医生。"患者的历史数据看不到，所有检验检查结果看不到，那专科医生到基层坐诊有什么用呢？"朱岁松说。

但南山区的专家，就不存在这个问题。这个专家不管今天在深圳南山医院坐诊，还是在某家社区健康服务站坐诊，他能够调阅的患者数据完全一样。他因此可以做出最符合患者实际情况的判断。

沿着这个思路往前推进，医疗机构的很多痛点有了更多的解法。如果患者要找某个专家看病，不一定非得到三甲医院，可以预约专家到社区健康服务站的时间。这样一来，三甲医院人流量过大的问题可能会缓解。如果患者要做双源CT检查，完全可以在社区健康服务站预约，不用排队，设备一样。然后挂专家号，调阅检查结果即可。这样一来，专家的工作效率可以极大提升。

在南山区医疗集团的定位中，深圳南山医院是南山区域的医学中心。为了确保将这一定位落到实处，南山区医疗集团从制度上予以保证。

南山区医疗集团旗下的医疗机构是可以相互挂号的。患者可以在社区健康服务站挂深圳南山医院的专家号。这样，患者可以早上就近挂号。如果离预约时间还远，可以回家休息，或者做其他事情。等快到预约时间了，直接到深圳南山医院就诊即可。既不用多次往返，又缩短了等待时间。

那么，患者一定能在社区健康服务站挂到深圳南山医院的专家号吗？是的。因为南山区医疗集团进行了制度上的协调，在深圳南山医院挂专家号，最多预约三天之内的，而在社区健康服务站，可以预约四天之内的专家号。

朱岁松说："多出来的一天，是专门针对社区健康服务站的。在那边挂号比到院里挂号，有更大的优先权。"

2020年10月22日，在国家卫生健康委员会召开的全国分级诊疗制度和医联体建设工作推进会上，南山区医疗集团作为广东省唯一代表，向全国分享医改经验。

产业互联网的意义，就是让患者得到更便捷的服务

未来的智慧医疗，会发展成什么样子？

也许无法完整描述，但在朱岁松和腾讯智慧医疗首席解决方案架构师宋春玲的设想中，至少会包括这样几个关键词：温暖的、可及的、精细的……

人工智能阅片，会极大地降低医生的工作量。比如在判断肺结节的时候，医生人工逐张看片，必须看得非常仔细，需要用很长时间。但AI会将片子分类，那些正常的就不必再看，那些有嫌疑的，医生重点分析即可。

未来，这一类技术会得到更多运用，提升医生工作效率，减少患者等待时间。

远程医疗将改变目前的医疗服务模式。以前的时候，不管多晚，遇到手术困难情况，专家都必须从被窝里爬起来，回到医院的手术台前。但随着5G等技术的发展，以后再有这样的情况，专家可以躺在被窝里指导手术。患者可以通过对日常信息的跟踪分析，将健康管理与医疗服务结合起来。运动信息、环境信息、健康指标等日常信息，通过智能手表等可穿戴设备，完全可以积累长期数据。有些慢性疾病，比如血糖的控制，常用的干预手段无非那么几种。患者在充分掌握自己的身体状况之后，很多时候可以在医生的指导下，更早更合理地进行干预。遇到需要医疗服务的情况，现在已经能够不去三甲医院，在就近的社区健康服务站就能把小病看好。用不了多久，患者可以在家里或者在办公室，就能得到轻量级的医疗服务。

医疗机构的管理模式，也将实现精细化。以前，科室提出增加心电图仪器的需求。设备科、财务科接连审核，上个月刚买了，为什么这个月又要买？科室就必须打个报告，陈述理由。但在所有设备接入物联网的情况下，每台设备的使用率、每天什么时候开机、做过哪些检查，全部实时记录。进入数字化资产管理时代，不需要由科室发起增加设备的流程，而是院方发现设备无法满足患者需求，自动规划好添置方案，再来征询科室意见。不管成本控制还是效率管理，都从不可控变成可控、从不透明变成透明。

朱岁松说："产业互联网，重点是产业。它是一个实体产业，不是泡沫。互联网代表的是一种数字化的能力。对医院而言，产业互联网的意义就是让患者得到更便捷的服务，真正让医患同心，体现医疗的价值。"

注一　关于资料来源

深圳南山医院相关案例素材，来自 2021 年 1 月 12 日上午在深圳南山医院对网络技术科主任朱岁松的专访以及现场走访，2021 年 1 月 12 日下午在深圳大族科技中心大厦对腾讯智慧医疗首席解决方案架构师宋春玲的专访。

注二　关于深圳南山医院

深圳南山医院是深圳西部中心区域唯一一家集医疗、教学、科研、预防为一体的大型综合医院，是深圳市第四家三级甲等医院暨南山区区域医疗中心，目前已成为国家高级卒中中心、国家胸痛中心及国家住院医师规范化培训基地，拥有 1 个国家临床重点专科、2 个省级临床重点专科、5 个市级重点学科及 2 个重点实验室、1 个院士工作站、1 个博士后工作站，临床医疗及科研实力在深圳市公立医院中处于领先位置。

小　结

毫无疑问，数字化已在医疗卫生系统扎根、生长。但是，医疗是一个异常复杂的系统性工程，医患供需明确，但存在系统性的失衡——大医院门庭若市，小医院门可罗雀。

2019年9月,国家卫生健康委员会主任马晓伟在庆祝中华人民共和国成立70周年第二场新闻发布会中指出:中国看病难,主要是找大医院专家难。

"基层医院的水平提不高,人们肯定要去大医院,看病必然是难。所以要加强基层的建设,就在城市里建设医联体,大医院带动小医院,在农村建设医共体,县医院连接乡镇卫生院,使得县乡一体、乡村一体,让基层的水平能够有所提高,医疗资源能够纵向的流动,这样'看病难'就能够大病在医院、小病在社区,康复还能回社区,加快构建整合型医疗服务体系。不同级别的医院,要实现自己的功能定位。"

40年"医改"贯穿我国医疗卫生体系发展,最近10年取得的成绩超过了前30年,"互联网+"的助力功不可没,同时也证明数字技术对医疗健康产业的推动潜力巨大。更多"胡洋医生"选择线上、线下多点执业,更多"大三甲"整体上网,更多"医联体""医共体"上云互联,"看病难"的问题终能化解。

第九章

"数字政府"
活跃在指尖上的公共服务

开 篇

"将数字技术广泛应用于政府管理服务，推动政府治理流程再造和模式优化，不断提高决策科学性和服务效率。"这是"十四五"规划和2035年远景目标纲要中的要求。但在现实中，数字政府建设一直存在诸多难题——面对的服务场景太多、太复杂，地方知识构成多元，给信息整合带来前所未有的困难；社会信用体系还不健全；各部门信息交流不足……

在某种意义上，数字政府建设可谓"牵一发动全身"，因为归根到底，产业互联网其实是各个行业的互联网，文旅的互联网、教育的互联网、交通的互联网、工业的互联网等。但不管哪个行业的互联网，都离不开政府管理和政策支持。

因此，信息化程度越高的地方，政府的信息化体系越复杂。例如，数字政府改革之前，广东省一度有1068个自建信息化系统，这些系统形成了密密麻麻的"信息烟囱"和"数据孤岛"。这种局面带来的问题显而易见。

首先，信息化的目的是减少民众线下跑腿、提交各类证明材料产生的时间成本和不确定风险，而信息烟囱、数据孤岛并没有有效解决这类问题，"证明我是我""证明我爸是我爸"之类的问题依旧存在。

其次，传统信息化还带来了新的问题。由于 PC 网站使用比较烦琐、无法移动，这就人为制造了使用门槛，年轻人、高学历人群可能使用起来比较顺手，但对绝大部分人来说，还不如直接去线下窗口办理更高效。

"最早去政府部门办事，你要去线下的柜台；后来，信息化发展，很多东西可以在 PC 版的网上办事大厅或者政务服务网办理，但可能有一些事项还是要去线下跑一趟。"腾讯云政务高级运营总监董婷说，这就是他们接到"粤省事"项目时面对的背景。

为助力推进"数字政府"改革建设各项重点工作，优化营商环境，改善政务民生服务，让"数字政府"触手可及，在广东省委省政府的指导下，数字广东网络建设有限公司（以下简称"数字广东公司"）由腾讯、联通、电信和移动共同投资，于 2017 年 10 月正式成立。作为广东数字政府改革建设的首个成果，2018 年 5 月，"粤省事"移动政务服务平台（"粤省事"微信小程序）上线，这是全国第一个省级"指尖便民服务"小程序。

"我们的目标就是彻底解决大家要跑动很多次、提交很多复杂的程序、自己去完成很多流程的问题。所以，我们把这些都移动化、在线化了。最终带来的最大改变就是真的从根本上让老百姓少填、少报、少跑。"董婷说。2021 年 7 月底的数据显示，上线三年多时间，"粤省事"用户突破 1.35 亿，上线民生服务事项 1827 项，近七成实现"零跑动"。

随着社会发展，突发性公共危机等"黑天鹅"事件的出现，对政府的应急管理能力提出了全新要求。政务服务涉及大量弱势群体，如何借助数字化兼顾效率与公平？"粤省事"的数字化思路，让更多元、更具针对性的创新尝试变为可能。

以"申请办理残疾人证"为例,"粤省事"使信息填写减少15项,纸质材料由提交5份变为不用提交,跑动次数由4次减少为1次,办事流程大大简化;广东省有很多老年人长年在海外生活,每半年回国领一次养老金,现在只需在海外用"粤省事"刷一下脸,简单操作养老金便能到账;此外,广东省有4000万外来务工人员,为高效解决劳动纠纷问题,"粤省事"开辟了相关服务,不用跑,在线即可实现劳动仲裁。

2021年春运期间,腾讯数字政务联合数字广东团队在"粤省事"上推出了创新应用——在手机上完成相关信息申报之后,老人可以刷身份证验证健康码信息。广东的一些高铁站和客运站,为此还开设了专门的刷身份证核验健康码的快速通道。

如果说"粤省事"的尝试是各方协力,利用移动设备的连接优势和数字技术激活了"指尖上的政务服务",那么更深层次的技术改革和实践正对政府治理方式产生意想不到的影响。

现代政府的任务、最重要的基本职能当然还是提高办事效率、方便管理、做好服务。在从传统的"事后管理"向"预警+应急+重建"的快速响应机制跃迁的过程中,数字技术为政府治理提供了新的选项。

例如,2020年1月新冠肺炎疫情暴发后,腾讯云团队的产品经理灵机一动,将纸质通行证做成二维码。2020年2月9日,深圳成为全国首个推出健康码的城市;随后,北京、广东、四川、云南等近20个省级行政区、300多个市县陆续上线了健康码。100天内,累计访问量达260亿次,亮码90亿人次,共覆盖全国10亿人口、400多个市县、5100多个村庄,成为各地政府疫情防控的有力工具。

又如，2018 年，深圳税务局启动了区块链发票项目。截至目前，深圳市区块链电子发票系统累计开票超 5800 万张，日均开票超 12 万张，累计开票金额近 800 亿元，覆盖零售、餐饮、交通、房地产、医疗、互联网等百余行业领域，接入企业超 3.2 万家。

除了传统政务领域，数字技术还在解决现代城市治理的课题中，提供了更多思路、贡献了独特的解决方案。

2019 年 5 月，腾讯云正式推出"WeCity 未来城市"解决方案。以腾讯云的产品和能力为基础，从政务民生、数字政务出发，扩展到城市治理、城市决策、产业互联，重新定义未来城市的服务、空间场景，给居民未来生活带来丰富的可能性，并为数字政务、城市治理、城市决策和产业互联等领域提供解决方案。

"WeCity 未来城市"以"1+1+1+N"为总体架构，即 1 朵城市云基础设施、1 个城市数字引擎、1 层行业能力支撑、N 个场景应用。其中"1+1+1"构建了城市开放操作系统（WeCityOS），它是一体化的连接城市需求和资源供给的城市级数字操作系统，充分融合了腾讯新基建元素，整合腾讯云计算、大数据、信息安全等技术能力，构建了包括应用支撑、数智支撑与孪生支撑的一体化融合引擎，打造聚合的能力资源中心，集中统一地为上层智慧领域应用群输出能力，为服务与生活、治理与协同、产业与经济三大领域应用提供有力支撑，更好地服务群众、企业、政府三大群体。

WeCity 未来城市作为"以人为中心"、兼顾治理和增长的城市发展模式，认为数字时代下的城市发展远不仅限于将技术应用于城市，而是数字科技全面融入城市发展血液的一种质变。目前，WeCity 在上海、武汉、长沙、广州、江门、宿州等多个大中小型城市逐步落地，助力各类城市共同探索以"人的福祉"为依归的数字化转型之路。

事实上，随着中国城市化的快速发展，大城市治理问题已经成为摆在各地政府面前的重大课题。如何破题不仅是城市政府需要思考的问题，更是所有从业者、每一个市民都在亲身经历、亲身书写的"当代历史"。

2020年3月29日至4月1日，中共中央总书记习近平在浙江考察时指出，推进国家治理体系和治理能力现代化，必须抓好城市治理体系和治理能力现代化。运用大数据、云计算、区块链、人工智能等前沿技术推动城市管理手段、管理模式、管理理念创新，从数字化到智能化再到智慧化，让城市更聪明一些、更智慧一些，是推动城市治理体系和治理能力现代化的必由之路，前景广阔。[1]

德国特里尔大学教授韩博天（Sebastian Heilmann）在他的《红天鹅——中国独特的治理和制度创新》中认为，中国的独特经验是一种把政策试验和长期目标结合，进行的"有远见的反复试验"。

如果韩博天教授有机会修订这本著作，我想，基于数字化的智慧政务如何在"有远见的反复试验"中提高运行效率、弥合数字鸿沟、促进社会公平、解决大城市治理问题，一定会是其中非常重要的内容。

---

[1] 《人民日报》2020年4月2日01版。

粤省事
数字政务，如何才能让人用起来？

在数字广东展示中心，可以看到这样一组数字：

早上 6 点，已经办理完 10 多件文件。上午 10 点左右，达到峰值，接近 80 件。晚上 12 点前后，办 60 件。甚至在凌晨 1 点，仍完成了近 20 件。

这不是传说中的加班"996"，而是广东省相关系统平台日均内部办理文件数量统计。这组数字体现了"数字政府"的惊人效率。

全球知名咨询机构德勤咨询 2019 年 3 月发布的《超级智慧城市报告》显示，全球已启动或在建的数字政府 2.0 试点城市共有 1000 多座，其中中国最多，有 500 多座，规划投资达 3 万亿元，建设投资达 6000 亿元，形成了长三角、珠三角等智慧城市群。

国务院办公厅电子政务办公室委托中央党校（国家行政学院）电子政务研究中心编制的《省级政府和重点城市网上政务服务能力调查评估报告（2020）》显示，广东省的能力指数位居全国第一，深圳在全国城市中排名首位。

疫情是对我国治理体系和治理能力的一次大考。抗疫期间，作为广东数字政府改革建设成果的"粤省事""粤商通""粤政易""粤监管"等产品表现抢眼。"粤省事"为何这么受欢迎？

民众体验粤省事

数字政府建设的误区与困局

数字政府建设或者说政府信息化建设并非新鲜事物，更不是近几年才有的事。早在 PC、互联网时代，政府部门就已经考虑通过信息化、数字化的建设，提高行政服务效率、降低人民办事的时间成本、金钱成本。不过，直到近几年，数亿民众才开始对数字政府有一手且实际的感知。

原因何在？回溯数字政府建设的三个阶段，不难看出其中的难点。

2002 年之前，数字政府建设以电子政府或电子政务为主要内容，这个阶段，基本上偏重于信息发布和信息反馈。

2002年到2015年之间，数字政府建设以实现线上和线下办事为重点，以政务业务数字化建设为表征，不过，所有的载体依旧是以PC互联网为核心。

从2015年至今，数字政府建设开始引入大数据、云计算等新技术，向智慧政府转变。

在这个过程中，数字政府建设往往陷入"三大误区"。

第一，将先进技术等同于可用的数据资源，但问题是，数字政府要解决的核心问题并不是技术问题，而是用户便捷使用的问题；第二，以为庞大数据就是强大的信息服务能力，结果将数字政府变成资源载体；第三，以为掌控更多信息就能实现决策最优，未能充分发挥知识的指挥作用。

事实上，"三大误区"的形成并非技术能力或者个人意愿的问题，其背后的核心是一直以来各地数字政府建设存在困局。

"最早去政府部门办事，你要去线下的柜台；后来，信息化发展，很多东西你可以在PC版的网上办事大厅或者政务服务网办理，但有一些事项还是要去线下跑一趟。"腾讯云政务高级运营总监董婷刚接手"粤省事"项目时，就发现了其中的困难之处。

实际上，仅仅以广东省为例，这种情况就非常典型。广东历来重视政务信息化建设，此前在数字政府建设上投入甚多，但反响平平。其中一个很重要的原因在于，各部门在信息化建设中各自为政，每个省直单位都有自己的信息中心，自建系统多达1068个，形成了一个个"信息烟囱"和"数据孤岛"。

之所以形成这种局面，归结起来，基本可以分为三大原因。

第一，政府面对的服务场景太多、太复杂，地方知识构成多元，给信息整合带来前所未有的困难。以广东省为例，《广东省第七次全国人口普查公报》显示，截至 2020 年 11 月 1 日零时，广东常住人口达 12601.25 万人，与 2010 年第六次全国人口普查比较，全省常住人口增加 2170.94 万人，年平均增长率 1.91%，远高于全国 0.53% 的年均增长率。如此惊人的体量，对数字政府的信息服务能力提出了更高要求。此外，广东不同地区发展不均衡，人们常说"最富的地方在广东，最穷的地方在广东"。云浮地级市，人均 GDP 仅有深圳的五分之一。处于不同发展阶段的人对数字政府的需求不一样。

第二，社会信用体系还不健全。我国信用体系目前主要依赖银行等第三方机构进行信用担保，数据所有权不明确，导致认证成本高、办事难等。

第三，各部门信息交流不足。虽然政府掌握着 80% 的大数据资源，但在传统管理制度下，数据资源分别掌握在不同的政府部门手中：一方面，这些数据可能会被视为"部门利益"，想要"共建共享共通"存在天然的障碍；另一方面，这些数据都是高度专业化的，在法律法规边界相对模糊的情况下，很难直接使用。

"粤省事"的"闯关"之路

2017 年 10 月，腾讯、联通、电信和移动共同投资成立数字广东公司。从诞生第一天起，数字广东公司便采取了"政企合作""管运分离"的新模式，实现了政府与企业、企业与企业之间的有机互补。

这是一种混合所有制的大胆创新。通过这一结构，政府改变了以往各部门既是使用者又是建设者的双重角色，把分布在各个部门的建设能力集中起来。在制度创新下，广东省委省政府通过"全省一盘棋"的统一布局，撤并、调整了省信息中心和各省直单位的信息中心，扫清了体制上的障碍。

"顶层设计"思路清晰，给"闯关"的成功提供了更多可能，而"粤省事"移动政务服务平台（"粤省事"微信小程序）就是"闯关"的首个成果。

"粤省事"起步时有一个得天独厚的条件，就是广东省政府从2017年开始推动"数字政府"改革，全省裁撤各个厅局委办的信息中心，建立一个全省统一的政务数据管理局，由这样一个部门来完成所有部门的数据整合共享以及业务间的协同。

"以前政府数据共享很难，各个部门是条块分割的，产生这个问题的一个很重要原因是每个部门都有自己的信息中心，相当于人为制造了很多数据烟囱，每个部门都围绕自己的职责做自己垂直范围内的事情，而不是以横向打通的视角。"在董婷看来，这种体制机制的创新，以及政府顶层对数字化的认可，为打破困局提供了便利。

"有了这个基础，腾讯可以迅速把互联网思维和产品基因注入政府数字化的业务当中。"董婷介绍，以前政府也有网站或者App，但是体验并不好，比如说办一件事要求提交非常多的资料。这时候，团队就一直在思考，怎么样能让政务办事像使用微信一样便利？怎么样才能让流程变得非常简单，让用户进来以后没有学习门槛？

长久的C端用户体验打磨出的经验和产品能力，给了团队很多启发。"例如我们有微信的卡包，里面有各种各样的卡，在政务领域，每个人其实也有很多卡，包括社保卡、医保卡、港澳通行证、身份证等等，这些卡也可以在我们的小程序里做证件的卡包。"从起步阶段，"粤省事"产品团队就把这些理念导入进来，让政府服务的产品更加互联网化，更贴近老百姓的需求。

基于这种用户思维，董婷把数字政府的用户分为三类。

第一类用户，是包括每一个普通人在内的 C 端老百姓。针对这些人，产品团队规划、设计了"零跑动""指尖办事"等服务模块，核心目的是让老百姓办事更轻松、更便捷。

第二类用户，是 B 端的企业。由于企业经营关乎经济发展，是社会要素里的重要内容。如何满足它们的需求，同样事关数字政府的成败。基于这部分用户的需求，产品团队做了很多尝试。比如，企业证照的电子化，把营业执照、各种行政许可证件等全部数字化。在深圳市，这个平台叫作"深 i 企"。在广东省，这个平台叫作"粤商通"。

第三类用户，是政府本身，是政府里的每一个公务员。老百姓方便了，企业方便了，但如果后台系统不好用，公务员每天加班跑断腿，那势必会影响前端的效能。针对政府内部的应急、指挥、调度、决策治理等需求，腾讯推出了政务协同办公平台。在广东省，这个平台叫"粤政易"，使用这一平台的公职人员数量已经超过 180 万。

以前，省里要开一个调度会，需要通知很多人，需要准备很多材料。有了这样一个平台，就可以在线发起视频会议，负责人在线指挥调度，还可以基于细致的数据能力提供辅助决策建议，极大地提升了政府工作效率。

再比如领导的签批流程，不管他在外地出差，还是在路上移动，只要有平板电脑或者智能手机，就可以直接手写签批。文件流程会在同一时间传到行政人员的节点，可以不受时空限制，快速推进流程。

这种用户思维从根本上突破了以往数字政府建设时，注重一事一议、按一个一个项目需求去做、单点寻求突破的思路，将整个数字化政务处理变成了"前台+后台（中枢）"的结构。

"用户思维并不单是说C端用户才是用户，B端用户、后台使用人员同样重要。"在董婷看来，"粤省事"更像一个百姓使用的前台，而为了让这个前台用起来更顺畅，必须要有强大、易用的后台（中枢）。只有后台（中枢）运转高效，前台才能真正高效、便捷。

"比如说，在'粤省事'上，一个用户现在需要紧急救助，他发起了一个流程，后台看到了这个流程，中枢系统要去看这个流程分发给哪个部门，跟它关联的部门又是哪些，需要如何去调度它们，然后把这个调度结果通过短信的方式或者弹窗的方式推送到老百姓的手机上，告诉他这个事情怎么去处理。"董婷说，整个流程中，后台需要解决业务流程的优化、数据的整合以及科学的决策。

"这其实需要非常强大的数据处理分析和流程判断能力。"整个过程中，其实是帮政府先把整个中枢神经建立好，有了这样一个强大的中枢神经系统，再通过前端应用的触角去提升老百姓的获得感。

这种获得感有多强呢？董婷举了个例子。如果用户想要办理公积金，点开服务专区里面的"公积金"栏目，就可以看到公积金的查询、提取、缴存等功能，每一个流程都非常简单。你按一下按钮，它会给你非常明确的指示，你填完下一步按这个流程去走，几秒钟就可以办完一件事情。如果用户的身份证没有绑定，它会发出提醒，用户可以领取一个电子身份证，在里面输入身份证号码和一些相关信息，就可以有一个电子版的身份证了，然后再回到业务办理上来，同样可以很快办完。

正是基于这种"获得感"，作为数字广东公司开发的首个成果，"粤省事"移动政务服务平台（"粤省事"微信小程序）在上线仅仅三年多的时间里，用户突破1.35亿，上线民生服务事项1827项，近七成实现"零跑动"。

融合、创新、安全：细节决定成败

目前，"粤省事"已关联用户的驾驶证、行驶证、社保卡、公积金、护照、居住证等 76 类证件，用户不必再担心办事忘带证件。比如忘带驾驶证，在路面查验时，"粤省事"小程序上的电子证照具有同样的使用效力。

同时，通过"粤省事"，用户可以直接办理包括社保、出入境、公积金、交管、户政等业务在内的多达 1827 项民生服务，并且办理流程大大简化。以"申请办理残疾人证"为例，"粤省事"使信息填写减少 15 项，纸质材料由提交 5 份变为不用提交，跑动次数由 4 次减少为 1 次。

为了做到这些，几个团队的融合至关重要。

整个项目过程中，腾讯政务团队在不断学习政府业务、政府风格的同时，也在不断帮助政府更了解互联网，提升数字化能力，"全域融合、价值共创"更是被定为腾讯政务的理念。

"就是我们跟客户一起成长，把政府数字化转型中的各个要素有效融合之后，才能为整个社会创造价值。"董婷通俗地解释，以交通罚款为例，手机界面上简单按两下键背后，涉及复杂的车辆信息、人员信息、证件信息、现场信息，涉及公安部与不同省份、不同城市之间的联动，"不同的警种对应不同的责权，民警有民警的业务场景，交警有交警的业务场景，110 接警又是另外的场景，对专业度的要求极高。我们去搭建平台系统的时候，很多业务模块都是跟行业内的优秀公司协同完成的。没有这种开放的理念，几乎无法完成这样的任务。"

除了融合，让创新深入细节之中，同样重要。

比如，在身份认证的时候，通过智能人脸识别技术，免去用户输入密码等复杂操作，只需对准手机的前置摄像头，就能完成实名实人认证，并可在线办理相关业务。

同时，每年6月，教育厅就业中心要为学生统一办理就业报到证。根据相关规定，毕业生到就业单位报到时，必须持该证。可不少学生已在外省实习，还要回广东来取，万一弄丢了，补办起来很难。通过电子印章技术和人脸识别技术，学生在外地就可下载这一证件。

广东省很多老年人长年在海外生活，以前每半年需要回国领一次养老金，而现在只需在海外用"粤省事"刷一下脸，简单操作养老金便能到账。同时，调查表明，在政务服务中，中老年用户占大多数，"粤省事"因此采用了界面更友好的大字体。

此外，广东省有大约4000万外来务工人员，为高效解决劳动纠纷问题，"粤省事"开辟了相关服务，不用跑，即可在线实现劳动仲裁。

当然，安全问题同样是数字政府的重中之重。

一方面，数字政府必须能够应对高流量、高并发的冲击。"粤省事"上线第一天，浏览量是1000万，第二天是1400万，"粤康码"在使用高峰期时，达到峰值的1.7亿浏览量。

腾讯云解决方案平台部总经理王刚说："像微信红包等更海量的应用，腾讯都支撑过，应对高并发流量，我们很有经验。"数字政府的建设也不能让云平台成为安全的短板。

另一方面，云技术使政府网络的边界扩展到开放、复杂的云上，防护难度急剧上升，需要整合的解决方案。

通过与腾讯合作，广东省数字政府的政务云平台已通过中央网信办政务云最高级别安全审查和可信政务云评估，被评为全国"十佳政务云"。广东省数字政府还通过了网络安全等级保护三级测评，是全国首批通过网络安全等级保护制度2.0标准测评的政务信息系统。

广东省数字政府建设，可以用四句话来概括：以制度创新为切入点，以提高政府工作效率为目标，以服务大众（用户）为中心，以高度重视安全为保障。

注一　关于资料来源

"粤省事"相关案例素材，来自2020年1月29日上午在深圳腾讯大厦对腾讯云政务高级运营总监董婷的专访。

注二　关于"粤省事"

"粤省事"是全国首个依托微信创新推出的集成高频民生服务的移动政务服务平台，是广东数字政府首个改革建设成果，用户通过"实人+实名"身份认证核验，即可在小程序通办多项民生服务事项。

2018年5月21日，"粤省事"小程序正式上线，"粤省事"服务公众号平台也同步对外开放。

目前，"粤省事"小程序已经覆盖公安、人社、教育、税务等1000多项高频民生服务，近七成实现"零跑动"，真正实现政务服务个性化、精准化和"一站式""指尖"办理。

深圳市税务局
三年，区块链电子发票累计开具 6000 万张！

2020 年 1 月 16 日，《学习时报》刊发张锐署名文章《区块链发票是个好东西》，文章说："作为区块链技术在财税领域的代表性成果，自深圳税务局开出全国第一张区块链电子发票以来，截至目前不到一年半的时间，深圳市注册使用区块链电子发票的企业超过 7500 家，共开票 980 多万张，涉及金额超过 70 亿元。按照计划，在前海试点的基础上，从今年 1 月起区块链电子发票将在全国逐步分批推广。"

2021 年 2 月 1 日上午，主导了深圳市税务局首张区块链电子发票出炉的国家税务总局深圳市税务局副局长李伟跟我们回忆，当初推这个项目的时候，他是这样跟信息中心负责人说的："你去找腾讯沟通，如果他们愿意的话，合作研发区块链电子发票。你们就放开手脚干，不要有顾虑。"

区块链电子发票就是从这里起航的。

"区块链"的本质：好比中国的传统婚礼

2018 年 8 月 10 日，深圳国贸旋转餐厅开出了全国首张区块链电子发票，同时深圳成为全国区块链电子发票试点城市。

深圳国贸旋转餐厅、宝安区体育中心停车场、凯鑫汽车贸易有限公司（坪山汽修场）、Image 腾讯印象咖啡店等成为首批接入系统的商户。首期试点应用中，深圳市税务局与腾讯集团、金蝶软件，同步推出"微信支付—发票开具—报销报账"流程。

腾讯区块链电子发票使用的是联盟链，共识算法上更先进，组网能力更强，并行性能也更高。按照国家税务总局的说法，通过区块链电子发票，交易即开票，开票即报销。作为监管方、管理方的税务局，可以实现无纸化智能税务管理，流程更为可控。

不过，在最初起步的时候，因为各方对区块链的认知差异巨大，区块链产品林林总总，没有技术标准；市面上也没有太多区块链应用案例，是否真正能够应用到税务发票这么大的场景、用好区块链，是有很大风险的，甚至很多深圳市税务局的内部人员也对此持怀疑态度。因为李伟是经济学博士、高级工程师，他深入研究了区块链之后，觉得这是一个很容易理解的技术，

"区块链就是传统婚礼。"李伟打了个比方，那中国的传统婚礼都是什么样的？媒人牵线，两家看对了眼之后，择个吉日，敲锣打鼓，邀请亲戚朋友来吃饭见证，"那时候，没有婚姻登记制度，怎么证明两个人是不是夫妻？父母、亲戚、朋友、同学、门生……都可以证明他们的夫妻关系。"

"后来搞成了婚姻登记制度，领个证就算是夫妻关系了。可如果结婚证丢了，碰巧民政部门的数据也丢了，也许就很难证明两个人到底是不是夫妻关系了。但是在传统婚礼中，所有能够证明两人关系的人，比如父母、亲戚、朋友，都相当于区块链中的一个节点，帮助记录这件事情。"李伟说，正是在这样一个原理上，区块链电子发票肯定是成立的。

但是，仅仅在原理上成立，显然还不足以全方位推行。一项新的技术应用到公共服务领域，必须要能带来足够多的好处，才能抵消推行的成本。在这个问题上，区块链又恰好能解决现有税务体系的核心缺点。

目前，国际通行的纳税惯例是这样的：纳税人根据收入情况，自我计算税款，然后到税务机关申报，税务机关查验核算，属实的合格，不属实的要么通知纳税人补缴，要么按照法律法规予以处罚。

这里面存在的问题是，所有流程都是事后追溯，增加了发生差错的可能，助长了纳税人偷税漏税的冲动，给虚假发票以容身的空间。"借助区块链电子发票，税务机关可以实现发票全生命周期的管理，并可以进行实时监控预警，进一步消灭虚开发票等违法行为，实现对国家税收的高效治理。"李伟说，区块链电子发票可大幅降低税务机关的工作量。

基于技术特性，区块链电子发票对目前通行的纳税体系做了两个核心的修订。

首先，区块链电子发票的全生命周期是基于区块链多维度防篡改的环境进行，能有效防止节点作恶进行数据篡改。同时，区块链技术链状的数据结构和多方见证的特点，也可以有效保障发票电子化可以在生成、开具、流转、收集等各个环节保证唯一性。

其次，区块链电子发票由税务机关、开票方、流转方、报销方多方参与共同记账，只有经过多方认可的数据才能写入链上。而且区块链电子发票与交易/支付打通，交易与发票同时发生，消费支付与发票开具无缝进行，交易流、资金流、发票流多流合一，由此保证了发票的真实性。

1. 注册核准
2. 设定规则
3. 实时管控

8. 收集发票
9. 审核入账
10. 更新状态

税务局

报销企业

开票企业

用户

全量数据由税务局管控

4. 链上认领发票
5. 写入交易信息

6. 认领发票
7. 更新身份标识

区块链电子发票业务流程

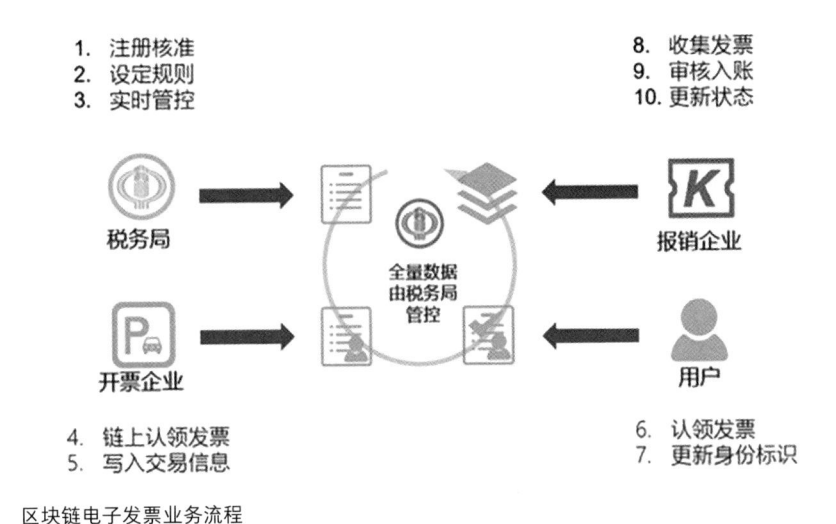

除了降低税务机关的工作量，区块链电子发票也大大降低了纳税人的工作量。

"从纳税人申报的角度看，税务机关一开始就掌握原始凭据数据，纳税人在申报税款的时候填报的各种财务报表的复杂度，就可以大幅度简化了。"李伟说，区块链技术推行之后，首先发生的改变是发票违法违规的门槛大幅提升，不良纳税人虚开发票偷税的企图无法实现，消弭了虚假发票的生存空间，诚信纳税人拿到区块链电子发票后也不用再去反复验证发票的真实性、有效性，提升了经济和社会的运行效率。

不仅仅是发票，区块链技术还可以用于很多税务领域的其他方面，可以让涉税资料的传递更加及时、准确、完整，纳税人的税后管理和服务也更加精细化，税务机关的核税流程就会大大加快。

以企业纳税为例，过往的核税流程极为冗长，要证明企业上下游关联信息、有没有增值税、出口退税是否增加，要是涉及异地企业，税务机关要发出协查申请。在税收优惠上，情况同样如此，税务机关要根据住建、土地、环保、工业、科技等近 40 个不同地方主管部门的数据和政策，交叉核实。这中间又涉及不同部门提供的信息是否准确、及时。总之，低效且容易发生纰漏。

"比如，有些企业为了拿到雇用残疾员工的税收优惠，找了一些残疾人冒充员工。在粥多僧少的情况下，有的残疾人会在几家不同的公司冒充员工。如果残疾人信息都上链，这样的情况就肯定不会发生。"李伟说，如果可以用区块链打通不同部门信息，就不再需要诸多证明，只需要输入身份证号便可同步证明，"既诚信，又便捷"，未来区块链税务领域大有可为。

技术的力量：两年"消灭"前海纸质发票

两年前，在南山区组织的一次企业家座谈会上，李伟说："在深圳，要坚定地推行电子发票，争取在五年内'消灭'纸质发票！"在座所有人都哄堂大笑，觉得像天方夜谭。不过，李伟并没有在意，而是将自己定位为"项目管理者"，以项目管理的心态，坚决地推行下去。

"刚开始推这个项目的时候，基本没有人认可。除了对区块链技术的误解，更多是传统的阻力。"李伟认为，与坐惯了马车的人一样，你忽然给他一辆汽车，他会觉得这个东西噪声太大，而且也不知道是不是安全。他们总是会说："现在不是挺好嘛！你能折腾的比现在所有东西都好吗？"

这就是李伟当初决定先放开手试验的原因。从一开始，李伟安排深圳税务局跟腾讯先把模板和场景做出来。到国家税务总局汇报的时候，他没有讲设计思想、没有讲技术原理，直接把模板给亮了出来。

"这也考验腾讯的水平，事实证明，他们做得不错。"模板和场景让大家一片震惊，普遍反映这个方法"很先进"！不过，震惊之后还是担心，担心安全性问题，担心制度上会不会出意外。

这时候，李伟才开始解释设计思想、技术原理。这个过程又是一次看似平稳其实非常惊险的历程。

事实上，在大力推动区块链电子发票之前，李伟就曾主导过无纸化电子发票项目，并且在浪潮集团试验成功，不过，这个项目最终因为其他原因而夭折。但是，这让李伟积累了很多经验，比如推进项目的策略，以及他特意做的一套备用方案。

首先，在项目推进上，李伟坚信必须要有好的项目管理者，这个人必须是一个心胸开阔的人，要知道自己哪些地方行、哪些地方不行，要怎么用那些行的人。

"如果我跟你说，区块链电子发票都是我规划设计的，你信吗？不可能信。这么复杂的技术和业务在里面，需要大家群策群力。"李伟说，项目管理者不需要事无巨细，虽然自己的专业背景是IT，但肯定不是区块链方面的专家，产品细节听专业人员的，在其他事情上，业务人员肯定比我更专业。在关键问题上，定得了的事情他来定，定不了的事情还有更高的决策层，还有好多专家院士来评审。

"我的任务就是把项目组织好，每周开一次会，看看产品进度到哪里、离目标还有多远，抓主要矛盾，让每个人发挥专长，让大家合力往前走。至于每一个模块、每一个子系统是不是已经达到最优，不一定，慢慢来，总要有个摸索的过程。"李伟说。

正是基于这种想法，区块链电子发票进展非常迅速，包括与总局各个部门之间的协调，也非常顺利。

"与各个部门沟通，也需要注意策略。"李伟在国家税务总局工作多年，对每个部门的情况都很了解。他一上来先找的四个部门，分别是业务主管部门、科技部门、信息中心、科研所。

"业务主管部门一看，能大幅降低工作量、大幅提升工作效率，当然乐见其成；科技部门一看，最新的技术方向符合国家战略；信息中心一看，这不就是信息化的未来吗？科研所就更不用说了，科研人员对科研项目天然就有亲近感。"取得这四个重要部门的认可后，李伟又到其他部门一一做沟通和解释工作。最终，这个项目得到了国家税务总局十几个部门的一致肯定。

后来经过三个月的调整测试，就出现了2018年的那一幕：区块链电子发票成功上线。总局、相关司局、深圳市长等诸位领导都莅临现场为区块链电子发票助威。

其次，在备用方案上，李伟做了"不打无把握之仗"的充分准备。"有个事情，当时不敢说，现在敢说了。为了避免交了钱之后出不来发票的情况，我们还做了备用方案。不过，备用方案后来没用上，因为区块链电子发票很顺利。"李伟说。

事实上，区块链电子发票的进展比李伟所说的"顺利"要好得多。不仅是在前海成功试点了全面电子发票，当年的豪言壮语也逐步变成现实。区块链电子发票也正在从三个方面对传统税务系统的痛点，进行潜移默化地改变。

第一，区块链电子发票已经不再是传统的纸质发票概念。发票没有了，围绕发票的管理也就不再需要。深圳税务局内部，已经基本没有所谓的发票管理人员。

第二，与纸质发票的相关行业，发行 CA（certificate authority，电子认证）的、发票印刷厂、发票打印机、发票扫描仪、专门用于打印发票的小卷纸等，都慢慢没落，甚至消失。

第三，撤减了约 30% 的办税服务厅窗口，节约了大量人力物力。

"区块链电子发票如果在上级的统筹下，覆盖到增值税专用发票，能在全国推广，我觉得办税服务厅还可以大幅裁减。"李伟说。

除此之外，在李伟看来，区块链电子发票还将会产生一个重要的作用，就是优化税制，在跨境税收竞争中占据主动。

"国际税收竞争是税收现代化的最高境界，对一个国家来说，是一个极其重要的问题。"李伟说，为了保证国家长治久安，需要有治安、国防、教育、卫生防疫等公共服务，而这些领域最主要的资金来源都是税收。

"如果我们的手段单一、技术落后，该收的税没有收上来，那就会在国家之间的竞争中落下风。"李伟认为，在确保实现"国内税收有秩序、国际税收有监控"目标方面，跨国界、跨行业、跨地域、跨时空的区块链电子发票完全可以发挥更大作用。

小 结

李伟说，区块链电子发票之所以选择跟腾讯合作，基于四方面考虑。

第一，区块链电子发票需要在手机上开具，在手机上开具肯定选择微信，这同时解决了平台稳定性和安全性的问题，也不用自己再去开发独立的 App 了。而且，微信有 10 多亿用户，能把财务人员覆盖好几轮,效率很高。

第二,像微信这么大体量的即时通信系统,能做到这么稳定的程度,技术底子肯定不错。"虽然当时区块链还不是腾讯最拿手的技术,但我相信腾讯能把它做成拿手技术。"

第三,深圳税务局跟腾讯联合创立了"智税"创新实验室,双方有着共同基于新技术探索的愿景,也解决了试验期间的投入问题。

第四,还有一个很深的思考,发票开具肯定要跟支付强绑定,而微信支付在这方面具有巨大优势。

2018年5月24日,深圳市税务局与腾讯公司共同发起成立"智税"创新实验室

注一　关于资料来源

深圳市税务局相关案例素材，来自 2021 年 2 月 1 日上午在深圳对国家税务总局深圳市税务局副局长李伟、征管和科技发展处副处长郑年华、考核考评处副处长王聪、信息中心副主任王晓明、腾讯公司财税总监赵杰夫的专访。

注二　关于"智税"创新实验室

"智税"创新实验室于 2018 年 5 月 24 日由深圳市税务局与腾讯公司共同发起成立，是为利用区块链、云计算、人工智能、大数据等技术进行税务科技创新而设立的"产学研"一体化新型实验室。实验室致力于推动政府、企业、院校多方联合，共同探索税收科技创新之路，搭建智慧型税务服务现代化平台，让更多人享受税收现代化带来的技术红利，先后孵化出区块链电子发票、税务信息交换链、"@深税"税企互动平台、技术咨询中心等成果。

健康码
公共治理数字化的"轻样本"

2020年2月1日，突发的新冠肺炎疫情严重，全国各级政府和各界都在思考如何应对疫情。腾讯云团队的同事胡敏，在工作群中看到同事们分享的一张"纸质通行证"照片。她想，还能有更高效便捷的方式。于是，只用了三天，腾讯健康码功能便呱呱坠地。2月9日，深圳成为全国首个推出健康码的城市，随后，北京、广东、四川、云南等近20个省级行政区、300多个市县陆续上线了健康码。

到2020年5月19日，腾讯健康码上线100天之际，健康码的累计访问量达260亿次，亮码90亿人次，共覆盖全国10亿人口、400多个市县、5100多个村庄，成为各地政府疫情防控的有力工具，被誉为"数字化社会公共治理的里程碑"。

那么，看似偶然诞生的健康码，为何必然诞生？又为何会出现在深圳？

轻应用"健康码"背后的"深度创新"

在国家平台的"健康码"推出之前，各个地区先行尝试了"健康码"。比如，深圳最早推出"健康码"，广东省随后铺开。但是，问题很快也随之而来，那就是各地健康码的"互认互通"。

"广东有很多外来务工人员,这些外来务工人员可能来自一些经济欠发达省份。也就是说,广东的健康码,甘肃或者青海未必认可,反之亦然。"胡敏介绍,要让健康码用起来,就要推动不同省份的数据共享和融合。

然而,说起来简单的一句话,做起来却问题重重。由于各地的疫情防控要求并不完全相同,比如,广东地处大湾区腹地,需要用户填写近期是否去过香港、澳门等地,但山西或者陕西的用户就未必需要填这样的信息,互联互通所需的信息也就不尽相同。

"腾讯着力推动不同地区的数据对接,除了姓名、身份证号码等通用字段的规定动作,再把各地的自选动作分门别类,统一反映在健康码上。"胡敏介绍。

这个问题最终解决还是在国务院办公厅推动健康码的全国互认之后,从国家层面打通铁路、民航、海关、通信、卫健委、公安等不同部门,汇聚各地的健康码数据。这是最根本的数据底座,包括腾讯在内的互联网公司,借助健康码等产品,提供了技术入口,使其成为疫情防控的有效工具。

不过,在这个过程中,为了最大程度上保证数据隐私和数据安全,需要大量的数字技术创新。

"如果把政府的底层数据比作一个池子,腾讯等互联网公司是没法进到这个池子里的。也就是说,互联网公司是没法通过这种方式占有数据的。"胡敏介绍,即使从国家层面做互联互通,依旧绕不开数据隐私问题,为了不让隐私泄露,政府会提供"池子"的一个小接口,输出那些不涉及用户隐私的数据。

"整个过程中,不涉及数据交换,只是数据接口的对接。通过联邦学习等手段,融合腾讯等互联网公司的技术能力,最终完成产品的开发和应用。"这样也就彻底保护了用户的数据隐私。

除此之外,由于各地情况不同,对健康码的要求和期待也有很大不同,所以需要根据各地不同的需求,定向去连接更多数据、开发对应的功能。

比如,新冠肺炎疫情暴发初期,腾讯在深圳和广州两地,差不多同期做防控平台。广州当时要解决的痛点是口罩购买和发放的问题。所以,腾讯云团队率先推出"穗康"平台并上线在线预约购买口罩的服务,上线第一天的访问量就达到了1.7亿次。深圳当时的痛点则是流动人口治理的问题。深圳的外来人口非常多,每个人在进出社区和办公楼的时候,需要有一个当时健康状况的证明,所以健康码才最早在深圳上线。

全国疫情防控取得阶段性胜利之后,用上海市新冠肺炎临床救治专家组组长、公共卫生专家组共同组长张文宏的话说,"转入动态清零的新常态",这对健康码的精准程度有了更高要求。

"在底层数据,包括核酸检测数据、疫苗接种数据,实现共享之后,结合通信运营商地理位置相关数据,就可以对某座城市的某个小区、某座商务楼准确划分疫情防控等级,把疫情对社会生活的影响控制在最小范围内。"董婷说。

持续创新、迭代,让健康码"活起来"

健康码广泛使用背后的另一个因素,就是这个产品一直在根据用户的反馈,持续进行创新、迭代。

健康码在推出来之后,虽然得到了广泛应用,但是也发现了一些问题。比如,针对老人和小孩等特殊群体不够友好,经常有新闻讲述：老人因为没有健康码，上不了公交车；不使用智能手机的孩子，没法证明自己的健康状况；农村等信息化水平较低的地方，因为用不了健康码而受到歧视……

针对这些痛点，腾讯云团队采取了很多方式，尽力弥合横亘在不同社会群体之间的数字鸿沟。比如，针对老人和孩子没有健康码的情况，如果你跟他们在一起，可以帮他们申请一个健康码放在你的手机上；需要核验的时候，可以在你的手机上使用。

比如，针对老人或孩子没有人陪护的情况，腾讯又推出了离线码。在线填写好所需信息，在有效期之内，这个离线的健康码都是有效的，可以打印出来，让老人和孩子带在身上，需要核验的时候可以方便使用。

不过，用别人的手机验证，或者把健康码打印出来，过几天就要处理一次，还是比较麻烦。怎么办呢？

2021年"春运"期间，腾讯云团队在"粤省事"上推出了创新应用——在手机上完成相关信息申报之后，老人可以刷身份证验证健康码信息。广东的一些高铁站和客运站，为此还开设了专门的刷身份证核验健康码的快速通道。

从帮老人、孩子代领健康码到可打印的离线健康码，再到刷身份证核验健康信息，这正是互联网公司打磨产品的典型特征：小步快跑、不断迭代。

在董婷看来，产业互联网其实是各个行业的互联网，文旅的互联网、教育的互联网、交通的互联网、制造的互联网等。不管哪个行业的互联网，都离不开政府的管理和政策的支持。

"数字政府是助推产业互联网更快更好发展的引擎。只有做好政府本身的数字化，才能给各个产业提供更多的能量和更大的动力。"

从数字政府到智慧城市，腾讯云团队的着力点都是全数据要素的连接、流动和激活。城市的数字化，尤其是基础设施的数字化，跟产业互联网密不可分。

以产业园区为例。纯粹作为物理形态存在的时候，产业园区能够发挥的效能可能是比较有限的。但如果将产业园区数字化，园区与园区之间更加高效地连接、流动，园区与产业之间更加高效地连接、流动，那会是一幅怎样的图景？

董婷说："当数字政府和智慧城市发生化学反应，产业互联网将被激发出前所未有的能量。"

小 结

腾讯健康码有四大技术优势。

首先，在设计上充分考虑人文关怀，对弱势群体充分关怀，通过科技助力解决数字鸿沟。

其次，整体技术设计完整，实现从国家到各省，再到各个城市的联动体系，并且支持跨省互认。

再次，以腾讯云技术和计算资源为基础，支持高并发，对海量业务的支撑效果更好。

最后，安全性更强，能够更好地保护整个系统。

注一　关于资料来源

"健康码"相关案例素材，来自 2020 年 1 月 29 日上午在深圳腾讯大厦对腾讯云政务高级运营总监董婷的专访。

注二 关于健康码

健康码是腾讯云团队结合国家疫情防控工作需求,快速开发上线的一个应急管理平台,市民可通过微信小程序申领个人健康码作为出行凭证。

疫情防控期间,健康码帮助政府及时了解居民的健康状况,帮助居民实时获取准确的防疫政策与新闻,同时避免人群使用纸质证件导致交叉污染。

健康码上线的疫情线索上报、发热门诊导航、医院空余床位查询、在线免费问诊等多项疫情服务在各类生活场景中,为市民带来便利。健康码也快速迭代技术,推出国际版健康码、学生复学码、企业复工码、居民消费券等多项服务,为疫情后期在华外籍人士的疫情防控管理和服务工作、复学、复工、复产以及提振消费提供创新实践。

目前,腾讯云团队支持国家政务服务平台上线全国防疫健康信息码,并在北京、广东、四川、云南、天津、贵州、上海、重庆、黑龙江、广西、湖南、湖北、青海、海南等近 20 个省级行政区的 300 多个市县提供健康码服务。

附 录

秦朔对话汤道生
产业互联网九问

在本书的采访和写作过程中，我们清晰地感觉到很多传统产业的企业都在迫切寻求突破之路，努力重新激活自己的销售、生产和组织，期望更透彻地理解用户，更精益、敏捷地响应需求。在此过程中，产业互联网和数字化无一例外地成为它们的选择。

中国企业攀登"产业珠穆朗玛峰"的过程，既是产业从业者对数字机遇的全力拥抱，也是互联网从业者探索物理世界的不懈努力。自从互联网技术被广泛应用以来，载体从 PC 端发展到移动终端，领域从社交、信息、游戏等纯数字化内容的消费走向驱动物理世界的真实消费，兴起了滴滴、美团等一批 O2O（线下到线上）业态。到了产业互联网，更进一步，进入了物理世界的深层肌理：通过云、大数据、AI 等工具，重塑生产、制造、服务各个环节；又将用户与生产链条紧密连接，激活整个产业链路。

产业激活的核心是用户需求；需求是互联网，也是传统产业发展的第一驱动力。而真正掀起产业互联网浪潮的公司，也正是被认为"拥有最多用户也最懂用户"的腾讯。2018 年，腾讯"930"组织变革提出"拥抱产业互联网"。此后，产业互联网快速成为互联网以及产业界公认的未来方向，包括华为、阿里在内的头部互联网和科技公司接连进行大幅度的组织架构调整，拥抱新领域。

腾讯从社交起家，依靠 PC 时代的 QQ、移动时代的微信，用户超过 12 亿，也最先感受到用户对"物"与"服务"深度个性化的需求，以及由此带来的对产业供给端变革的需求。一定程度上，通过"产业互联网"这一概念在腾讯肌体中诞生的过程，我们能看到用户需求这个第一驱动力如何推动了世界数字化的脉络。

自2011年起，在满足用户更加多元化的数字内容消费驱动下，腾讯在互联网行业首先正式实施开放战略，将自己的"半条命"交给合作伙伴。2015年起，伴随着用户对实体服务数字化的需求，腾讯也第一个提出"互联网+"，推动互联网与城市服务等垂直产业不断深化融合。2015—2018年，从"互联网+"到数字经济、数字中国，腾讯的产业也连接从政务服务向医疗、教育等领域不断扩展，角色从单纯的"连接器"走向产业的"数字化助手"，并在2018年正式将"拥抱产业互联网"定位为未来战略。

过去三年，腾讯持续扮演着产业互联网探索先锋的角色，并将自己触达庞大消费者的能力、首屈一指的互联网产品力以及云、安全、AI等基础技术能力向产业经济界开放；在政务、金融、教育、交通出行、医疗、智慧零售、工业、能源等诸多领域，都形成了产业数字化方案，实际落地成果斐然。一定程度上，腾讯对产业互联网的思考，也影响着行业对产业互联网的思考。

本书截稿前，秦朔作为牵头策划者，与腾讯公司高级执行副总裁、云与智慧产业事业群CEO汤道生，就产业互联网对激活产业的意义、社会价值以及腾讯的战略思考和行动等内容，进行了深度交流。

以下对话，提问者为秦朔，回答者为汤道生。

秦　朔：2021年是腾讯提出来拥抱产业互联网的第三年。这三年，我们不仅看到腾讯在产业互联网领域深入发展，而且还看到头部互联网公司和科技公司都在努力拥抱2B业务，这个趋势还跟过去的赛道风口不一样，不是一年一换，而是一直持续到现在。为什么会这样？

汤道生： 过去，大家常说的风口是指某个行业与某种服务模式的崛起，经历孵化、扩张、洗牌到成熟的不同阶段。但产业数字化不是某个行业的崛起，是所有行业同时因为科技变革带来的效率提升或转型升级。此外，产业数字化是循序渐进的过程，没有一招制胜，需要把生产流程一个个环节逐个改造，才能从量变到质变。

宏观来看，产业变革是一个持续的过程，工业革命经历了200年，而在国内，产业数字化大概在20世纪90年代已经开始，到现在才发展了30年。过去几年，随着人力成本的上涨、大数据与人工智能等数字技术的突破与普及，产业数字化与智能化加速发展，相信未来将会持续很长一段时间。

2021年推出的国家"十四五"规划中，单独有一篇《加快数字化发展　建设数字中国》，这也表明数字化是一个长期的国家战略。所以，产业互联网不是一个短期的风口，而是一次长期的、本质性的产业变革，对需求、生产、组织、服务模式都带会来根本性的重塑。

秦　朔： 您认为，产业互联网对产业的价值创新点在哪里？

汤道生： 从数字化的根本来看，度量和连接是产业互联网助力产业革新的两个支点。

一方面，数字化让产业各个环节可度量，为优化改进奠定基础。事实上，一个行业越是用数据来监测与审视每个关键环节，改进升级的速度也越快，而且会是系统性、全局性的提升。比如，飞机工程就是基于大量的飞行数据不断优化，每一次意外发生后的黑盒子都会收集很多数据供工程师分析问题，经历了几十年的工程改造、流程优化，现在飞机的事故率已经低于火车。

另一方面，产业互联网带来的数字化连接，让不同领域连接起来，而跨领域的融合是最容易产生创新的地方。过往很多企业都只专注做C端消费服务，或者只做B端企业服务，而腾讯"既扎根消费互联网，也拥抱产业互联网"，将C端消费服务、B端企业服务、S端的公共服务贯通连接，给产业创新带来新的方向与动能。比如，腾讯助力国家推动医保电子凭证、电子健康卡等建设，助力医疗的资金和信息流的数字化，实现科普、挂号、问诊、支付、疾病管理的个人健康服务全流程，同时也为监管部门提供大数据能力，结合多方面数据来加强医保控费的模型。在广州，中老年慢性病患者已经可以在线问诊、开药，在线医保支付，药品快递到家，免去了他们去医院的奔波之苦。

秦　朔：这几年经常听到数字化、数据驱动、数智化、数字经济、产业互联网等概念。我注意到你强调了两个关键词，即度量、优化，认为数字化才可以度量，有了可度量的数据才能进行优化。你认为这是产业互联网激活产业的核心概念吗？

汤道生：是的。数据代表度量，可度量意味着可优化。企业的销售与生产目标其实一直都是以数据来衡量与驱动的，网络与数字技术让过程也可以被跟踪与量化，通过优化过程就可以改善结果。产业互联网不只是给企业带来数字化度量工具，更重要的是以数据驱动生产过程的优化，最终达到降本增效的结果。

图像识别、声音识别等AI以及IoT等技术，将很多原来不可度量的物理场景变成可以度量的数据；也将原来不精确的度量，变得更加精确。比如，我们可以通过IoT对生产车间的设备状态做监测，与设备配置参数做校对与关联，通过机器视觉对工艺质量进行检查，对人员动线进行效率分析，从而对生产过程进行优化。

过去很多工作高度依赖人的眼睛、人的判断，今天却可以通过数据算法客观地度量，并建立模型进行自动化处理，用 AI 替代一些重复枯燥、让人疲惫的工作。例如，工业里很多的质检工作因为厂房环境不理想，又需要技工注意力长时间高度集中，对视力损耗严重，因此工厂也很难找到合适与足够的质检工人，技工流动性非常高，培训成本也很高。其实人工智能既可以替代这种重复性劳动，也能帮助工厂缓解招工压力，迅速扩大产能。在上海富驰高科，我们用 AI 技术实现了小型高精密零部件的质检。腾讯工业云结合光度立体、迁移学习等算法和云端算力，形成 AI 质检方案，将人工需要 1 分钟才能完成的质检，压缩到几秒，质检效率提升 10 倍。

同时，光有度量也还不够，关键是要度量什么，以及要解决什么问题，这更重要。要小心选择你要度量什么。你选了什么，就会得到什么。因为所有人都是根据你选的指标去做事。指标如果有偏差，行为就会出偏差。所以这也需要我们真正下沉到各个行业，和里面的企业深度融合，把握市场规律，才能一起找到最恰当的度量指标和方法。

"度量"是产业互联网激活产业的一个重要关键词，着眼点是以数据来驱动过程优化。还有一个关键词，我认为也很重要，那就是"连接"。"连接"缩短了产业中不同角色的距离，促进了更高效的跨界融合，创造出过去没有的新价值。

秦　朔：对，过去在推进产业互联网的时候，大家往往都从底层的云技术开始，通过基础设施和技术能力的积累，逐步往上走。但通过腾讯这些年的实践，我们也发现，需求端与行业端的连接可以迸发出巨大的能量，甚至反向驱动供给端和资源优化配置，这是不是意味着"连接"，特别是 C 端和 B 端连接，能带给大家很多新的思路？

汤道生：科技的进步是技术迭代不断带来的突破，但是科技的普及是靠需求端去驱动的。实验室内很多前沿技术并没有找到理想的应用场景，只有当新技术真正能解决需求侧的某些痛点，而且符合经济效益，才会有人愿意为之买单，新技术才能广泛被使用。在数码相机与智能手机普及之前，触摸屏、CMOS（互补金属氧化物半导体）图像传感器技术已经存在很长时间，但在智能机出来后，这些技术才得到全面普及。随着消费者对质量的追求，更高像素、更高性价比的产品也不断改进，相关技术加速发展，价格也变得更大众化。需求端是推动供给端进步的原动力，高效连接消费端也是企业提高效率与竞争力的关键；企业只有更及时了解消费端的动态，更快速响应市场变化，才能抓住新机会。

例如，过去品牌商在平台电商售卖商品，每次接触消费者都需要通过平台，平台佣金收费高，品牌商只能通过促销来获得流量，在许多特价商品间争夺用户。用户对品牌价值感知低，忠诚度低。绫致集团通过 WeMall 小程序直接服务用户，累积私域流量的客户群，导购员将小程序内的穿搭时尚、促销信息分享到朋友圈或客户群，也能向线下客户推荐更多线上新款、及时调货，消费者获得更贴心的服务体验，也加深对品牌的喜好与忠诚度。针对不同消费者进行不同商品的推荐，用户销售转化变得更加高效，有的导购员最高可以实现 30% 的业绩提升。在绫致的 WeMall 中，19% 的销售来自跨城市购买，20%的销售来自闭店时间。这意味着，当导购与客户形成持续而稳定的连接，传统销售时间、空间的界限被打破，线上线下的界限也被打破。

在实体产业的具体操作执行中，产品与服务的设计和供给习惯从生产方视角出发；但无论是B端企业还是S端，本质上都是为了更好地服务C端用户。C2B的连接也为产业提供了以用户视角、用户价值来审视各个B端的环节。C2B的连接同时也意味着以"用户为本"的价值观，挖掘用户价值，关注用户体验，完善用户服务。

秦　朔："激活"的本质在于让资源和要素重新焕发活力，那么要想"激活"，就意味着必须深入各个行业。我们在外部观察，产业数字化越深入去推进，就越感到里面的空间和需求非常大，不同企业和业务环节对数字化的场景需求千差万别，似乎不是一套标准模式能够解决的。那对不同行业的企业来说，这个"激活"的抓手到底在哪里？

汤道生：大家都很希望听到一个明确答案，希望有一个模式能打遍全球。但不同企业会面临不同的行业挑战与管理问题：有的需要更精准预测需求，更有效调配资源或库存；有的需要提高生产效率或良品率；有的需要加强自动化，降低服务成本；有的需要提升销售转化；等等。因此，激活一家企业就像健身，哪个地方力量不足、肌肉薄弱就要对哪里进行针对性训练。我们必须站在企业的痛点上思考问题、对症下药，避免"因为别人这样做，所以我也这样做"。

企业的两个基本目标：一是经营好老业务，二是开拓新市场。

在经营老业务方面,"降本增效"是企业永远在追求的目标。在开拓新市场方面,企业需要通过连接新领域、新资源,通过研发与创新来打开新机会。

因此,度量与连接是产业激活的两个支点,但具体的情况需要针对每个具体的行业,了解自己稀缺的资源是什么,产业在经历什么结构性的变化,哪些地方可以通过数字化来发现瓶颈、解决问题与寻找机会。有一个可以参考的基础思路:在一个经济的系统里,如果某一个资源稀缺,就意味着成本高,那就要想办法把这部分"管"起来——减少这部分的需要,或者替换另外一种资源满足需求,找到一个更高的 ROI。

例如,疫情刚暴发的时候,大家出不了门。好多线下店的投入本来是买了地理位置的资源,但疫情让这个资源的价值下降,就要换另外一个可以触达用户的场景资源。我们就联合飞虎互动把银行的线下网点搬到线上,打造虚拟营业厅。借助骨干网络和实时音视频技术,普通用户在微信小程序或者 App 上,就可以与银行柜员通过视频办理业务,不到线下银行也能享受到柜台服务,一个贷款在线上可以 30 分钟内办结。这个解决方案在疫情暴发期间推出后,一个月内上线 23 家银行和金融机构。而在疫情缓解后,这个方案减少了线下网店的服务成本,也成为很多银行的常规标配。

当然,能快速用数字化工具的企业,可能在疫情前两年就已经做这方面的准备。所以,提前准备也很重要。对未来趋势的判断,哪些成本可能会上涨或下降,哪些用户行为习惯或服务场景会变化,这都是需要思考与洞察的。对未来做畅想与探索、提前去投资,可能也是一种激活方式:以适当的成本,冒着可控的风险,换来潜在的机会。

秦　朔：欧美产业数字化起步比较早，中国在产业互联网时代才开始大规模进入这个时期，我们也感觉到这几年中国产业互联网的发展，似乎走出了一条与欧美不大一样的路径，这种区别存在吗？如果有，比较重要的区别在哪里？

汤道生：从数字应用服务角度看，海外跟国内的差异没有太大区别，国内也有很多和国外一样的软件应用与服务厂商。但欧美更早就已经进入人力成本较高的时代，所以很早就用数字技术替代部分劳动力密集的工作。美国在 20 世纪 80 年代，还没有进入互联网时代，就已经开始非常广泛地应用 PC 与各类计算工具，而国内的产业数字化几乎是进入互联网时代后才加速发展。

在 20 世纪八九十年代，欧美已经陆续出现了像 IBM、甲骨文、微软、SAP 等企业软件领域的大型平台级厂商，它们主导着全球企业数字化的产品生态与服务模式，但当时国内只有大企业才能花得起高额费用使用这些软件产品，中小企业市场的普及速度相对慢。当时国内的软件工程师与系统架构师等人才储备不足，本地需求体量还不够大，还没有足够资源与能力培育出平台级的系统软件企业。

2000 年后，尤其在过去 10 年移动互联网浪潮的推动下，国内消费互联网的崛起，带动了各类软件研发与创新型人才的培养与发展，巨大的市场规模与资金投入也推动了数字产业化。掌握互联网技术的科技企业，进一步推动产业数字化的发展，互联网、开源软件与云服务也为信息系统的部署降低了门槛。在国家对数字经济的倡导与支持下，在人工智能等新技术的促进下，结合本土市场的独特环境与需求，国内数字产业近年也快速发展起来。

纵观这个过程，今天新一代产业数字化的重要厂商，很多都带着C端消费互联网的技术与经验，通过连接C端、B端与S端的资源与需求，产业迎来新一波效能与价值的释放。过去20多年，中国在消费互联网领域，积累了超过十亿级用户的连接能力与服务经验，为产业数字化打下坚实的基础。也让我们从20年前作为数字技术的应用者，升级到今天有机会成为全球数字技术创新的推动者，甚至某些领域的领导者。

比如在智慧医疗领域，腾讯医疗和医院信息系统（HIS）厂商合作，把挂号资源嵌入医疗机构的微信小程序，把诊断信息、处方信息与管理部门、C端患者打通，实现用户一个ID贯穿不同的环节，既方便了患者挂号、缴费、管理病历的诉求，也帮助B端医院和管理部门提升效率。反观国外，行业中往往是不同的企业分别做C端、B端和S端，要打通数据与提供连贯、一致的服务体验就没那么容易，所以这类把C端、B端、S端打通的服务模式，在国内反而更有机会做出创新。

秦　朔：我最近一两年一直在调研数字化转型和产业互联网，看到了这个赛场上的很多选手。比如腾讯、阿里、华为都希望成为基础设施型的综合服务商，还有很多选手希望成为依托某种能力的综合性服务商或行业性服务商。从偏IT、软件、互联网背景的角度，可以看到百度、科大讯飞、金蝶、东软、神州数码、商汤科技、地平线、酷家乐、明略科技等，以及外资的SAP、IBM、Salesforce、德勤、英特尔物联网等；从偏产业背景的角度，可以看到工业富联、海尔、树根互联、TCL格创东智，以及外资的博世、西门子、罗克韦尔、施耐德、ABB等。在这么多选手中，腾讯的独特性何在？

汤道生： 正如您说的，产业互联网参与者众多，有互联网公司，有传统产业，也有IT信息化企业。这背后是因为产业本身就是多样性的，产业发展也是多元化的。这也决定了开放和共赢是产业互联网的必然选择，而腾讯的第一个独特性，就在于以连接为基础的开放生态。

十年前，腾讯就在互联网行业率先提出开放战略，把半条命交给合作伙伴。过去十年，腾讯和伙伴之间彼此成就、共同发展的经历，也被大家所认同。到了产业互联网，行业多，产业链条复杂，每个环节都需要"最懂行"的人来建设与运营，最终联合在一起才能形成完整的产业链条，生态协同也越来越重要。

在产业互联网上，腾讯以云为技术底座，开放了连接12亿用户的C端能力，还开放了积累20年的大数据、AI等基础技术能力和中台研发资源。因此，许多ISV（独立软件开发商）与集成商也成为腾讯云的合作伙伴，打造不同类型的应用与解决方案，服务不同行业的客户。我们也开放了资金与销售渠道等资源，和合作伙伴一起共建数字化产业的生态。目前，我们已经与9000家合作伙伴共建，形成超过400个行业解决方案，为医疗、教育、出行、金融、工业、零售等30多个行业的企业客户提供服务。。

第二个独特性，是技术优势与多领域布局。在20多年服务海量To C用户的实践中，我们沉淀了很多能力和技术。在人工智能、云、大数据、分布式数据库、区块链、安全、视音频等方面，都有坚实的技术实力与广泛的应用。这些数字技术将成为我们帮助产业数字化、助力信创产业的基石。比如在音视频领域，腾讯既有支撑着QQ、微信、腾讯会议等产品的实时音视频技术积累，编解码与视频传输技术也输出到金融、教育、医疗等行业场景；在数据库领域，我们打造的企业级分布式数据库 TDSQL，承载了日均数十亿的交易量，服务的客户数超过 50 万；在安全领域，腾讯安全的专利申请量超过 1500 项，为 18 大行业的客户提供安全保障。我们的星星海自研服务器 SA3，在 AI 场景下，实测性能比传统服务器提升 220% 以上。我们的 TCE 专有云平台，将公有云的多租户云管技术搬到私有云上；既要自主可控，又要低成本、易运维，助力众多国有企业，服务生态伙伴对计算资源的需求。

第三个独特性，是 C2B 的连接优势。腾讯拥有 12 亿微信、QQ 用户，也提供了小程序、公众号、支付、社交广告等工具，可以满足企业以线上方式直接服务用户的需求。通过 C 端、B 端的连通，将线下与线上打通，捕捉需求，调配生产能力。

我们有一个客户玲珑轮胎，在传统的轮胎行业分销模式下，他们很难真正触达终端用户，商家、门店、渠道、消费者互相之间是割裂的。我们与他们合作打造数字化平台，打通企业系统之间的数据孤岛，形成统一的用户画像，通过自动化营销工具，根据客户行为精准触达客户需求；同时，还能基于渠道和门店销售数据和库存，优化排产计划。在 2020 年疫情暴发的状况下，玲珑轮胎销售逆势增长了 50%，而同期中国轮胎市场是负增长的。

此外，今天越来越多企业应用以 SaaS 的模式来部署，腾讯云千帆的应用连接器，帮助不同 SaaS 应用实现身份、数据和开发方式的打通。例如，我们在筹建武汉、西安研发子公司的过程中，借助千帆，可以在七天就实现人力、行政、财务等不同 SaaS 系统的打通和集成；人力通过低代码开发，很快就能自己做出团建、证明申请等场景的应用。这样的效率，通过传统模式是做不到的。

秦　朔：说到开放生态，腾讯在产业互联网领域有连接、技术这样的基础能力，同时还具备做行业产品和服务的能力，那会不会和生态伙伴发生冲突，腾讯怎么处理两者之间的关系？

汤道生：腾讯作为一个平台型企业，我们希望建立比较好的生态，提供数字化工具，做好连接，帮助合作伙伴在这么分散的企业服务市场中，找到自己的空间和位置，合力服务好用户需求。

我们也必须有所为，有所不为。腾讯会坚持以用户连接、云平台与通信服务为基础，合作伙伴可以基于自身能力与行业积累，围绕腾讯的基础平台构建应用与提供服务。不过，腾讯确实产品多，技术覆盖广泛，难免有些地方与合作伙伴可能会有冲突，在这种情况下，我们还是会鼓励团队在其他不冲突的地方展开合作，只要有开放的心态，合作总比竞争的机会多，一切以满足客户需求为优先。

比如，大家经常用的腾讯会议，主要提供跨设备的视频会议服务。传统的会议系统是软硬一体，而且系统之间往往是不连接的，大部分还非常昂贵。腾讯做会议采取了不一样的模式，我们不做硬件，我们做兼容不同硬件的软件系统。腾讯会议发布了会议室解决方案"腾讯会议 Rooms"和"会议室连接器"，能够与客户现有的音视频设备兼容，提供高质量的互动通信体验。

比如过去一年经常也有人问我，腾讯会不会造汽车？我也多次对外解释，腾讯不会造车，但是会做好汽车领域的数字化助手，比如从仿真系统、自动驾驶能力到车厢内的车载微信、音乐，再到去帮助 OEM 做好营销和 CRM（客户关系管理），包括车后、售后服务等。

未来，我们依然会坚持生态的建设。Pony（马化腾）经常提醒我们，产业互联网产业是主角，我们要做好助手，以服务的心态做好产业数字化助手的角色。希望我们的产品能够越来越多地被集成，让更多ISV与渠道伙伴可以交付我们的产品，共同服务好用户。

秦　朔：有了过去三年的努力，我感觉与你刚刚接手CSIG时相比，你对产业互联网的信心更坚定了，是不是这样？但其实，产业互联网还是挺难的，随着产业数字化的深入，很多领域都是全新的。面对新领域的时候，腾讯的原则是什么，有什么经验吗？

汤道生：我对产业互联网的信心一直是坚定的。发展数字经济是国家战略，产业数字化是必然路径，我们坚信：产业互联网道阻且长，但行则将至。

产业互联网发展的周期很长。客户与我们都面临着市场变化与激烈竞争，新机遇与新挑战也随时出现。这需要我们不断完善组织与分工，打造新能力；以开放的心态、长跑的决心，服务好我们的客户。目前，我们已经服务了工业、金融、零售、医疗、教育、出行等众多行业客户，这就是对过去我们努力的肯定。

面对新领域，首先还是要立足客户价值。坚持回归产业本质，多聆听客户的反馈，为客户创造价值，满足他们发展的需求，解决他们业务的痛点。作为长期可靠的产业助手，我们需要先站在客户和产业的角度思考。客户到底关注什么？要解决什么问题？数字技术是工具，不是目的。

最近，国内动力电池龙头——宁德时代，为了灵活扩展产能推动产线进一步自动化，利用AI来减少在各生产环节对质检工人的依赖。虽然腾讯优图实验室的技术人员过去没有服务这个场景的经验，但接触到这个需求后，花了几个月跟宁德时代的同事一起挤在车间里优化算法，最终把缺陷识别率提高。

其次，要发挥自身优势，在合适场景找到突破点。比如，我们看到企业与用户沟通的场景正在发生变化，随着社交媒体的普及，企业必须在社交工具上提供客户服务，促进交易转化。仅仅依靠过去的电话客服，企业已经很难满足用户随时随地的查询需求。因此，腾讯打造了企业微信，为 B2C 企业连接微信用户，有效管理销售人员。我们还有为微信小程序、QQ、Web 与电话提供工单管理的腾讯企点客服，结合人工客服与智能客服机器人，帮助企业降低客服成本，实现弹性部署，优化客服效率和转化能力，提升客户满意度。

我们帮助支持滴滴客服线路从 110 席快速扩张到 710 席，合作城市从 5 个扩展到 62 个，连接司机 400 万人次，触达增长了 10 多倍。帮助戴尔实现了 80% 移动端客户连接和 130% 的获客增长。现在，企点客服已经覆盖超过 100 万家企业，成为智能客服行业的第一名。

再者，要敢于前沿布局，在具有长期价值的技术和能力上坚持投入。站在技术发展和用户需求的趋势上，一定程度上可以预判什么是对的事情，未来的方向大概在哪里。在具有长期价值的技术上，要敢于投入布局，在过程中累积和增长能力。

比如腾讯会议，大家感觉好像是在疫情后一夜之间冒出来的，但其实是我们在音视频领域长期探索的一个成果。还是 SNG（腾讯社交网络事业群）时代，我就跟原来做 QQ 音视频的团队讨论，怎么把音视频的能力提炼出来服务更多场景。疫情后，腾讯会议快速发展的背后，除了需求的推动，也是过去几年，我们坚信音视频作为基础信息载体的价值，这样在机会来临的时候，才能接得住。

腾讯有自己的经营逻辑：只要我们看准一个领域，看到它的长期价值，我们往往是能够坚持到最后的那家企业。从战略选择看，腾讯不做跟随者，而是站在需求本质的思考上，结合自己的能力，找自己的道路。

还有一点，就是坚持社会价值。企业本身是存在于社会之中的，企业必须助力社会的进步，才能获得长期的发展。2021年我们把"推动可持续社会价值创新"写入公司的战略之中，成立了相关事业部，两期将共投入1000亿元，在基础科学、乡村振兴、碳中和、教育均衡发展、基层医疗体系完善等领域展开探索。

"推动可持续社会价值创新"其实不只是增加面向公益的投入，也是要在产业发展中，实现社会价值，以"有用"推动社会价值的"可持续"创造。比如，社会公共服务领域，产业互联网的用户直达和网络效应也将帮助提升服务的效率和潜能，在乡村振兴、城市治理、应急救灾等领域都产生不小的作用。在疫情暴发的时候，我们投入大量的资源开发健康码，上线100天后，就成为全国10亿人的"健康通行证"，成为各地政府疫情防控的有力工具，覆盖400多个市县、5100多个村庄，亮码260亿次。

一定程度上，数字化正在成为全社会发展的基石，产业互联网也与各行各业融为一体，成为每个产业释放社会价值的数字化加速器。产业价值与社会价值也是统一的，无论消费互联网还是产业互联网，本质上都应该做到"可持续社会价值创新"，才能够长期发展。

我们一直说，产业互联网是一场马拉松，现在只是起跑的前

100米。马拉松是一场与对手的竞争,也是一个面对自我的过程。坚持归零思考,坚持长期价值,坚持社会价值,以数字化助力产业升级,助力数字中国建设,助力中国经济社会发展,这是产业互联网需要坚持的原则和使命。

参考资料

1. 汤道生，朱恒源 . 产业互联网的中国路径 [M]. 北京：中信出版集团，2020.

2. 腾讯智慧零售 . 超级连接——用户驱动的零售新增长 [M]. 北京：中信出版集团，2020.

3. 汤道生，徐思彦，孟岩，曹建峰 . 产业区块链——中国核心技术自主创新的重要突破口 [M]. 北京：中信出版集团，2020.

4. 翟尤，谢呼 . 5G 社会——从"见字如面"到"万物互联"[M]. 北京：电子工业出版社，2019.

5. 中田敦 . 变革——制造业巨头 GE 的数字化转型之路 [M]. 李会成，唐英楠，译 . 北京：机械工业出版社，2018.

6. 尼古拉·尼葛洛庞蒂 . 数字化生存 [M]. 胡泳，范海燕，译 . 北京：电子工业出版社，2017.

7. 吴晓波 . 腾讯传：1998—2016：中国互联网公司进化论 [M]. 杭州：浙江大学出版社，2017.

8. 韩博天 . 红天鹅——中国独特的治理和制度创新 [M]. 北京：中信出版集团，2018.

9. 秦朔，戚德志 . 未尽之美——华住十五年 [M]. 北京：中信出版集团，2021.

10. 施展 . 枢纽——3000 年的中国 [M]. 桂林：广西师范大学出版社，2018.

11. 对话李斌：一场完美风暴之后，我的胆子更大了 [EB/OL].

（2021-03-23）. https://mp.weixin.qq.com/s/pnFwAgQfmjgl93AVn4Fo_w.

12.3个男人做美妆，估值460亿，目标要做中国欧莱雅[EB/OL].（2020-11-20）. https://www.sohu.com/a/433381088_197955.

13.逸仙电商陈宇文：完美日记之后，"完子心选"是多品牌战略迈出的关键一步[EB/OL].（2021-06-10）.https://baijiahao.baidu.com/s?id=1669054939811952696&wfr=spider&for=pc.

14.完美日记母公司逸仙电商一年亏损26亿，国产龙头股为什么赚不到钱？[EB/OL].（2021-03-15）. https://www.sohu.com/na/455699188_250147.

15.腾讯智慧农业再发力：联办国际温室种植大赛、与农科院成立联合实验室[EB/OL].（2019-05-22）. https://mp.weixin.qq.com/s/OCQDdT8qT_7GYgk2qwOCdA.

16.腾讯AI种番茄双丰收：参赛AI全胜专家，辽宁试点净利增千元[EB/OL].（2020-06-10）. https://mp.weixin.qq.com/s/AaHylC44nL01vNGQ-FXaBQ.

17.那土那田那人[EB/OL].（2020-10-14）.https://mp.weixin.qq.com/s/GjHX1wsqKlnAuyQ2W6XYjg.

18.拼多多崛起的深度复盘[EB/OL].（2020-05-15）. https://mp.weixin.qq.com/s/B8WglQYIuOXnt2XT4BI2iQ.

19.拼多多"渠道+技术"双向扶贫：农货走出去 收入留下来[EB/OL].（2020-10-17）. https://finance.sina.com.cn/tech/2020-10-17/doc-iiznezxr6412369.shtml.

20.看完拼多多助农年报，终于明白农民为什么都上拼多多卖农货了[EB/OL].（2019-03-11）.https://net.blogchina.com/blog/article/828537494.

21.山东：跨入"互联网+医保"时代，小凭证承载大民生[EB/

OL].（2020-08-08）. https://wap.peopleapp.com/article/5820405/5740821.

22. 电子健康卡：一张二维码背后的"战疫往事"[EB/OL].（2020-11-02）. https://mp.weixin.qq.com/s/w_OfN14uY4qqhC5LNMSBdw.

23. 4000名医护人员集体上线，一家顶尖三甲医院的大型社会试验 [EB/OL].（2021-03-31）. https://mp.weixin.qq.com/s/j9m2SewNCv2CEt0lQg2QhA.

24. "经验值得推广！"南山医疗集团改革模式获国家卫健委高度关注 [EB/OL].（2020-10-27）.http://www.sznews.com/news/content/2020-10/27/content_23667428.htm.

25. 钛媒体专访汤道生：云计算竞争的另一个思路 [EB/OL].（2019-07-09）. https://www.tmtpost.com/4049973.html.

26. 深度丨云出腾讯 [EB/OL].（2019-06-24）.https://www.sohu.com/a/322607814_115280.

27. 腾讯揭秘AI+产业版图，AI与产业融合创新构成完整产业驱动链 [EB/OL].（2020-07-14）. http://www.xinhuanet.com/tech/2020-07/14/c_1126236566.htm.

28. 腾讯姚星：腾讯如何做技术布局与技术应用？[EB/OL].（2019-05-23）. https://www.xfz.cn/post/8785.html.

29. 一个播放器背后的危机和博弈 [EB/OL].（2021-01-06）. https://mp.weixin.qq.com/s/j3r3Qf3Gg5N2P2rGWPZTPQ.

30. 总想和腾讯发生点关系，今天机会来了…… [EB/OL].（2021-04-30）. https://mp.weixin.qq.com/s/ygvNMTf2vro55ETIkgBiXg.

31. 腾讯安全首份产业成绩单公布：护航18大行业，助力银行客户守护资金超1万亿 [EB/OL].（2019-10-14）.https://finance.sina.com.cn/stock/relnews/hk/2019-10-14/doc-iicezzrr2086563.shtml.

32. 图解丨腾讯安全"微应急"防护方案 全生命周期护航小程序安全[EB/OL].（2020-03-10）.https://news.mydrivers.com/1/677/677052.htm.

33. 企业微信：从战略边缘进入战略中央的核心逻辑[EB/OL].（2019-12-11）.https://xw.qq.com/amphtml/20191211A045UE00.

34. 企业微信：曲率引擎，围而不攻[EB/OL].（2021-04-30）.https://36kr.com/p/1204089183270917.

35. 音视频技术在云会议场景的拓展和未来[EB/OL].（2021-04-20）.https://new.qq.com/omn/20210420/20210420A01AZP00.html.

36. 巨头接连入局，疫情趋于平稳"黑马"腾讯会议能否持续狂奔？[EB/OL].（2020-12-24）.https://baijiahao.baidu.com/s?id=1686954383426267295&wfr=spider&for=pc.

37. 腾讯企点总经理张晔：To B 企业存在的价值是什么？丨鲸犀峰会[EB/OL].（2021-03-30）.https://baijiahao.baidu.com/s?id=1695659152466257795&wfr=spider&for=pc.

38. 刘莫闲：物联网时代，如何用微瓴开发智慧建筑应用[EB/OL].（2018-12-29）.https://cloud.tencent.com/developer/article/1380079.

39. 这个决定，事关10万SaaS客户[EB/OL].（2021-04-30）.https://mp.weixin.qq.com/s/zTXNHQOnwA7OgEGbljNF8w.

40. SaaS又迎春天！SaaS是啥？看"最优解"[EB/OL].（2020-09-11）.https://www.163.com/dy/article/FM97LBBG0514R9KD.html.